Glencoe Spanish 1A

¡Buen viaje!

ABOUT THE FRONT COVER

Plaza de España, Sevilla The grandiose structure on the Plaza de España was designed by the architect Aníbal González. It was Spain's pavillion at the 1929 Ibero-American Exhibition. There are four bridges over the ornamental lake. One of the bridges is seen here. Each bridge represents one of the medieval kingdoms of the Iberian peninsula.

ABOUT THE BACK COVER

(top) El Petén, Guatemala; *(middle)* Iglesia cerca de Cuzco, Perú; *(bottom)* Una niña con zampoña, Perú.

NATIONAL
GEOGRAPHIC
SOCIETY

The colorful and inviting **Vistas** featured in this textbook were designed and developed by the National Geographic Society's Educational Division. Their purpose is to give greater insight into the people and places found in the Spanish-speaking countries listed below.

VISTAS DE MÉXICO
pages 128–131

VISTAS DE ESPAÑA
pages 222–225

Glencoe Spanish 1A

¡Buen viaje!

CONRAD J. SCHMITT

PROTASE E. WOODFORD

Glencoe
McGraw-Hill

New York, New York   Columbus, Ohio   Woodland Hills, California   Peoria, Illinois

The National Geographic Society

The **National Geographic Society**, founded in 1888 for the increase and diffusion of geographic knowledge, is the world's largest nonprofit scientific and educational organization. Since its earliest days, the Society has used sophisticated communication technologies and rich historical and archival resources to convey knowledge to a worldwide membership. The Education Division supports the Society's mission by developing innovative educational programs—ranging from traditional print materials to multimedia programs including CD-ROMs, videodiscs, and software.

Meet our Authors

Conrad J. Schmitt

Conrad J. Schmitt received his B.A. degree magna cum laude from Montclair State College, Upper Montclair, NJ. He received his M.A. from Middlebury College, Middlebury VT. He did additional graduate work at Seton Hall University and New York University. Mr. Schmitt has taught Spanish and French at the elementary, junior, and senior high school levels. In addition, he has travelled extensively throughout Spain, Central and South America, and the Caribbean.

Protase E Woodford

Protase "Woody" Woodford has taught Spanish at all levels from elementary through graduate school. At Educational Testing Service in Princeton, NJ, he was Director of Test Development, Director of Language Programs, Director of International Testing Programs and Director of the Puerto Rico Office. He has served as a consultant to the United Nations Secretariat, UNESCO, the Organization of American States, the U.S. Office of Education, and many ministries of education in Asia, Latin America, and the Middle East.

Glencoe/McGraw-Hill

*A Division of The **McGraw·Hill** Companies*

Send all inquiries to:
Glencoe/McGraw-Hill
8787 Orion Place
Columbus, OH 43240

ISBN: 0-02-641256-X (Student Edition, Part A)
ISBN: 0-02-641257-8 (Teacher's Wraparound Edition, Part A)

Printed in the United States of America.

4 5 6 7 8 9 10   003   08 07 06 05 04 03 02 01 00

Credits

Indian market: ©Robert Frerck/Woodfin Camp & Associates.
4 - Blue skies: David Alan Harvey. 5 - Singers: David Alan Harvey.
6 - Cane chair weaver: Kevin Schafer/Tony Stone Images. 7 -
Fishermen: Robert Frerck/Tony Stone Images.
España - Now
1 - Guggenheim: Photo by David Heald. 2 - Málaga: ©Robert
Frerck/Woodfin Camp & Associates. 3 - Paseo del Prado: ©Kim
Newton/Woodfin Camp & Associates. 4 - Fishing boats:
©Richard During/AllStock/PNI. 5 - Sagrada Familia: Adina
Tovy/DDB Stock Photo. 6 - Art conservation lab: Louis
Mazzatenta. 7 - Basque shepherd: Joanna B. Pinneo.
España - Then
1 - Plaza Mayor: Oliver Benn/Tony Stone Images. 2 - Hillside
town: Robert Frerck/Woodfin Camp & Associates. 3 -
Celebration: Tor Eigeland. 4 - Moorish arches: Jon Bradley/Tony
Stone Images. 5 - 14th-century castle: Patrick Ward/©Corbis. 6 -
Spanish riding school: Robert Frerck/Woodfin Camp &
Associates.

Maps

Eureka Cartography, Berkeley, CA.

Special thanks to Debbie Costello, Barbara Luck and Alisa Peres
for the loan of chapter opener objects from their collections.

Contenido

Bienvenidos

CAPÍTULO *1*
Un amigo o una amiga

CAPÍTULO 2

Alumnos y cursos

CAPÍTULO *3*

Las compras para la escuela

CAPÍTULO 4
En la escuela

CAPÍTULO 5
En el café

Literatura

Apéndices

Bienvenidos

Saludos

Greeting people

¡Hola!

Bien, gracias, ¿y tú?

¡Hola! ¿Qué tal?

Muy bien.

Actividades comunicativas

A **¡Hola!** Get up from your desk. Walk around the classroom. Say hello to each classmate you meet.

B **¿Qué tal?** Work with a classmate. Greet one another and find out how things are going.

Puerto Vallarta, México

Greeting people throughout the day

1. Some greetings are more formal than **Hola.** When you greet an older person, you may use one of the following expressions.

Buenos días, señora.   **Buenas tardes, señorita.**   **Buenas noches, señor.**

2. The titles **señor, señora**, and **señorita** are often used without the last name of the person.

> **Buenos días, señor.**
> **Buenas tardes, señora.**

Actividades comunicativas

A **Buenos días**   Draw some figures on the board. Some will represent friends your own age and others will represent older people. Greet each of the figures on the board properly.

B **Saludos**   Look at these photographs of young people in Spain and Mexico. As they greet one another, they do some things that are different from what we do when we greet each other. What do you notice in the photographs?

Adiós

Saying good-bye

1. The usual expression to use when saying good-bye to someone is **Adiós.**

2. If you plan to see the person again soon, you can say **¡Hasta pronto!** or **¡Hasta luego!** If you plan to see the person the next day, you can say **¡Hasta mañana!**

3. An informal expression you often hear, particularly in Spain and in Argentina is **¡Chao!**

Actividades comunicativas

A **¡Chao!**   Go over to a classmate and say good-bye to him or her.

B **¡Hasta luego!**   Work with a classmate. Say **Chao** to one another and let each other know that you will be getting together again soon.

C **¡Adiós!**   Say good-bye to your Spanish teacher. Then say good-bye to a friend. Use a different expression with each person.

—¡Hola, Julio!
—¡Hola, Verónica! ¿Qué tal?
—Bien. ¿Y tú?
—Muy bien, gracias.

—Chao, Julio.
—Chao, Verónica. ¡Hasta luego!

Actividad comunicativa

A **¡Hola, amigo(a)!**   Work with a classmate. Have a conversation in Spanish. Say as much as you can to one another.

Salamanca, España

La cortesía

Ordering food politely

¡Hola!

Una Coca-Cola, por favor.

No hay de qué.

Gracias.

There are several ways to express "you're welcome":

> **No hay de qué.**
> **De nada.**
> **Por nada.**

Actividades comunicativas

A **La cortesía** With a classmate, practice reading the conversation. Be as animated and polite as you can.

CAFÉ HAITI GALERIAS NACIONALES LTDA
CAFETERIA, TE, HELADERIA Y SIMILARES
San Antonio 53- Fono: 633 15 36
SANTIAGO CENTRO- R.U.T.89.560.800-9

CAFÉ *Haití*

1 CORTADO GRANDE
$ 360 (IVA Incluido)

Fecha:

496969

Cliente
6396150

Una bebida exótica

au bon café con sabor apasionante

Cliente Frecuente

au bon café

au bon café

Por la compra de 9 cafés reciba el décimo gratis

B. Una Coca-Cola, por favor. You are at a café in Manzanillo, Mexico. Order the following things from the waiter or waitress (your partner). Be polite when you order.

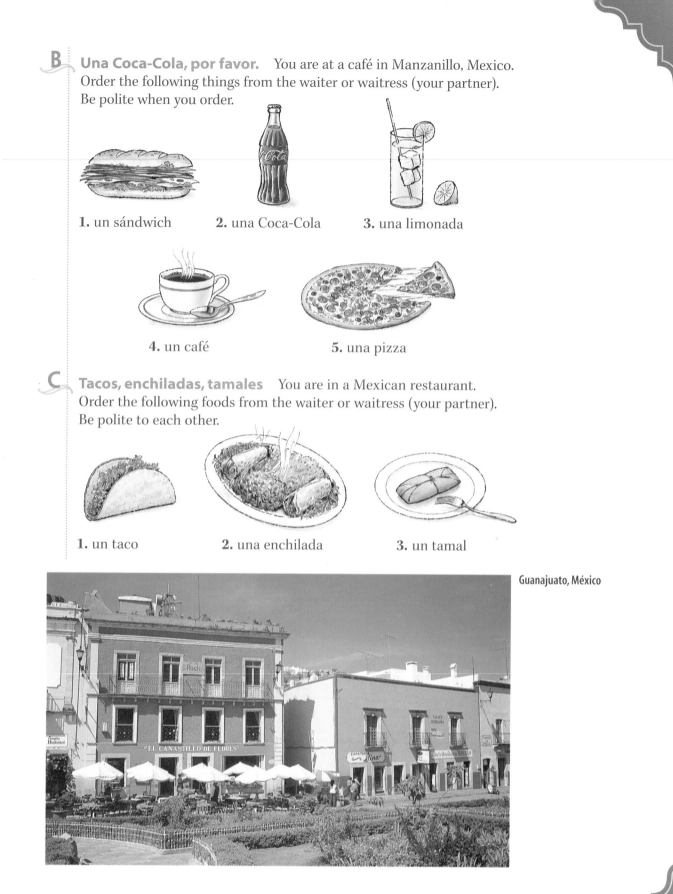

1. un sándwich

2. una Coca-Cola

3. una limonada

4. un café

5. una pizza

C. Tacos, enchiladas, tamales You are in a Mexican restaurant. Order the following foods from the waiter or waitress (your partner). Be polite to each other.

1. un taco

2. una enchilada

3. un tamal

Guanajuato, México

La fecha

Telling the days of the week

lunes	martes	miércoles	jueves	viernes	sábado	domingo
1	2	3	4	5	6	7
8	9	10	11	12	13	14

To find out and give the day of the week, you say:

—¿Qué día es hoy?

—Hoy es lunes.

Actividad comunicativa

A **¿Qué día es?** Answer the following questions in Spanish.

1. ¿Qué día es hoy?

2. ¿Qué día es mañana?

3. ¿Cuáles son los días del fin de semana o *weekend?*

Telling the months

			ENERO			
lunes	martes	miércoles	jueves	viernes	sábado	domingo
1	2	3	4	5	6	7

Finding out and giving the date

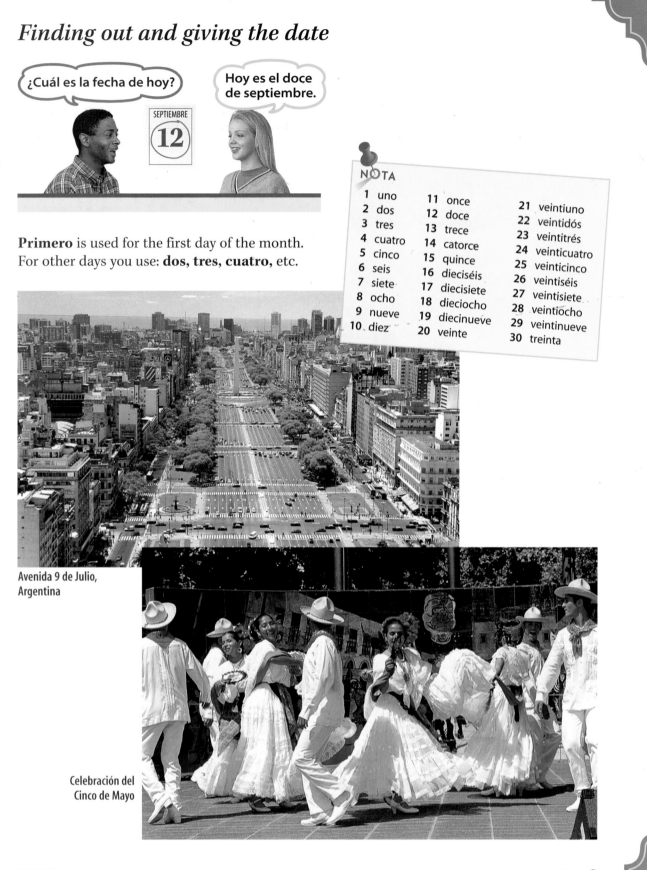

¿Cuál es la fecha de hoy?

Hoy es el doce de septiembre.

SEPTIEMBRE
12

Primero is used for the first day of the month.
For other days you use: **dos, tres, cuatro,** etc.

NOTA

1 uno	11 once	21 veintiuno
2 dos	12 doce	22 veintidós
3 tres	13 trece	23 veintitrés
4 cuatro	14 catorce	24 veinticuatro
5 cinco	15 quince	25 veinticinco
6 seis	16 dieciséis	26 veintiséis
7 siete	17 diecisiete	27 veintisiete
8 ocho	18 dieciocho	28 veintiocho
9 nueve	19 diecinueve	29 veintinueve
10 diez	20 veinte	30 treinta

Avenida 9 de Julio,
Argentina

Celebración del
Cinco de Mayo

Telling the seasons

la primavera

el verano

el otoño

el invierno

Actividades comunicativas

A **¿Cuántos?** Answer the following questions in Spanish.

1. ¿Cuántos días hay en una semana, siete o cuatro?

2. ¿Cuántos meses hay en un año, siete o doce?

3. ¿Cuántas estaciones hay en un año, cuatro o doce?

B **¿En qué mes?** Each of you will stand up in class and give your birthday **(cumpleaños)** in Spanish. Listen carefully and keep a record of how many classmates were born in the same month. Then tell in Spanish in which month the greatest number of students in the class were born. In which month were the fewest born?

C **La estación, por favor** Tell in which season the following months are. Answer in Spanish.

1. ¿En qué estación es mayo?

2. ¿En qué estación es enero?

3. ¿En qué estación es julio?

4. ¿En qué estación es octubre?

Vocabulario

GREETING PEOPLE

¡Hola!	Buenas noches.
Buenos días.	¿Qué tal?
Buenas tardes.	Muy bien.

IDENTIFYING TITLES

señor
señora
señorita

SAYING GOOD-BYE

¡Adiós!	¡Hasta pronto!
¡Chao!	¡Hasta mañana!
¡Hasta luego!	

BEING COURTEOUS

Por favor.	De (Por) nada.
Gracias.	No hay de qué.

IDENTIFYING THE DAYS OF THE WEEK

lunes	sábado
martes	domingo
miércoles	hoy
jueves	mañana
viernes	el fin de semana

IDENTIFYING THE MONTHS OF THE YEAR

enero	julio
febrero	agosto
marzo	septiembre
abril	octubre
mayo	noviembre
junio	diciembre

IDENTIFYING THE SEASONS

la primavera	el otoño
el verano	el invierno

OTHER USEFUL EXPRESSIONS

¿Qué día es hoy?
¿Cuál es la fecha?

CAPÍTULO 1

Un amigo o una amiga

Objetivos

In this chapter you will learn to do the following:

- ask or tell who someone is
- ask or tell what something is
- ask or tell where someone is from
- ask or tell what someone is like
- describe yourself or someone else
- talk about a famous Spanish novel and some Latin American heroes

Vocabulario

¿Quién es?

······ Nando

Pepita ·······

¿Qué es?

una escuela

un colegio

el muchacho   la muchacha
el alumno   la alumna
el amigo   la amiga

¿Qué es un colegio?
Un colegio es una escuela secundaria.
Es una escuela secundaria en
   Latinoamérica.

MÉXICO

San Miguel
de Allende

Guadalupe es mexicana.
Guadalupe es de San Miguel
   de Allende.
Ella es alumna en un colegio.
Es alumna en el Colegio Juárez.
Guadalupe es una amiga de
   José Antonio.

¿Cómo es el muchacho?

alto   bajo

guapo   feo   rubio   moreno

gracioso, cómico   serio   ambicioso   perezoso

¿Cómo es la muchacha?

alta   baja

bonita, linda   fea   rubia   morena

graciosa, cómica   seria   ambiciosa   perezosa

NOTA There are many ways to express "good-looking," "handsome," or "pretty" in Spanish. The word **guapo(a)** can be used to describe a boy or a girl. The words **bonito, lindo, hermoso,** and **bello** all mean "pretty." They can describe a pretty girl or a pretty item. The word **feo** in Spanish is not as strong as the word "ugly" in English. To get a friend's attention, you could even say jokingly, **¡Oye, feo!**

The following words are used to express degrees:

Él es guapo.   Ella es bonita.
Es bastante guapo.   Es bastante bonita.
Es muy guapo.   Es muy bonita.

Anita es alta. No es baja.
Ella es muy bonita, muy linda.

José es rubio.
Él es guapo. No es feo.

❧Práctica❧

San Miguel de Allende, México

A. HISTORIETA Un muchacho mexicano

Contesten. *(Answer.)*

1. ¿Es Manolo mexicano o colombiano?
2. ¿Es de San Miguel de Allende o de Bogotá?
3. ¿Es alumno en el Colegio Juárez?
4. ¿Es el Colegio Juárez un colegio mexicano?
5. ¿Es Manolo un amigo de Alicia Gómez?

B. HISTORIETA Una muchacha americana

Contesten. *(Answer.)*

1. ¿Es Debbi una muchacha americana?
2. ¿Es ella de Miami?
3. ¿Es ella alumna en una escuela secundaria de Miami?
4. ¿Es ella una alumna seria?
5. ¿Es Debbi una amiga de Bárbara Jones?

C. ¿Quién? ¿Manolo o Debbi? Contesten. *(Answer.)*

1. ¿Quién es de San Miguel de Allende?
2. ¿Quién es de Miami?
3. ¿Quién es alumno en el Colegio Juárez?
4. ¿Quién es alumna en una escuela secundaria de Miami?

Miami, La Florida

D. HISTORIETA ¿Cómo es Fernando?

Contesten según la foto. *(Answer according to the photo.)*

1. ¿Cómo es Fernando? ¿Es alto o bajo?
2. ¿Cómo es Fernando? ¿Es gracioso o serio?
3. ¿Cómo es Fernando? ¿Es guapo o feo?
4. ¿Cómo es Fernando? ¿Es rubio o moreno?

E **Todo lo contrario** Contesten según el modelo.
(Answer according to the model.)

¿Es alta Teresa?

No, de ninguna manera. Es bastante baja.

1. ¿Es muy seria Teresa?
2. ¿Es morena Teresa?
3. ¿Es alta Teresa?

Málaga, España

Actividades comunicativas

A **¿Quién es?** Work with a classmate. Choose one of the illustrations below, but don't tell which one. Describe the student in the illustration. Your partner has to guess which one it is. Take turns.

JUEGO **¿Es un muchacho o una muchacha?** Work with a classmate. Describe someone in the class. First your partner will tell whether you're describing a boy or a girl and will guess who it is. Take turns.

¿Quién soy yo y de dónde soy?

¡Hola!
Yo soy Roberto. Roberto Davidson.
Soy de California.
Soy un alumno serio.
Soy un amigo de Carmen.

Carmen es una amiga
muy buena.
Ella es una persona
muy simpática.

¿Quién es y cómo es?

Oye, Roberto. ¿Quién es?

Es muy flaco, ¿no? ¿Y él? ¿Quién es?

Ay, Jaime. Es el famoso don Quijote. Don Quijote es de la Mancha, en España.

Es el compañero de don Quijote. Es Sancho Panza. Sancho no es flaco como don Quijote. Es gordo.

flaco

gordo

Los números

0	cero				
1	uno	11	once	21	veintiuno
2	dos	12	doce	22	veintidós
3	tres	13	trece	23	veintitrés
4	cuatro	14	catorce	24	veinticuatro
5	cinco	15	quince	25	veinticinco
6	seis	16	dieciséis	26	veintiséis
7	siete	17	diecisiete	27	veintisiete
8	ocho	18	dieciocho	28	veintiocho
9	nueve	19	diecinueve	29	veintinueve
10	diez	20	veinte	30	treinta

NOTA Words that look alike in Spanish and English are called "cognates." It is very easy to guess the meaning of cognates. But, ¡Cuidado! (Watch out) because even though they look alike and mean the same thing, they are pronounced differently. Here are some cognates. Take care to pronounce them correctly.

fantástico   honesto
tímido   generoso
sincero

❖Práctica❖

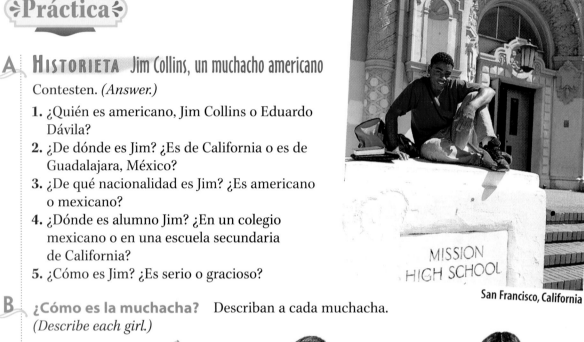

A **HISTORIETA** Jim Collins, un muchacho americano

Contesten. *(Answer.)*

1. ¿Quién es americano, Jim Collins o Eduardo Dávila?
2. ¿De dónde es Jim? ¿Es de California o es de Guadalajara, México?
3. ¿De qué nacionalidad es Jim? ¿Es americano o mexicano?
4. ¿Dónde es alumno Jim? ¿En un colegio mexicano o en una escuela secundaria de California?
5. ¿Cómo es Jim? ¿Es serio o gracioso?

San Francisco, California

B **¿Cómo es la muchacha?** Describan a cada muchacha. *(Describe each girl.)*

1. Ana

2. Alicia

3. Isabel

4. Victoria

5. Beatriz

6. Juanita

C HISTORIETA Gabriela Torres, la graciosa

Completen. *(Complete.)*

Una muchacha mexicana, San Miguel de Allende

Gabriela Torres es de México. Ella es ____. No es americana. Gabriela es alumna en un ____ mexicano. No es alumna en una ____ secundaria americana. Gabriela no es baja. Ella es bastante ____. ¿Es ella muy seria? No, de ninguna manera. Gabriela es muy ____. Ella es una amiga ____.

Actividades comunicativas

A **¿Quién es?** Think of a student in the class. A classmate will ask you questions about the person and try to guess who it is. Take turns.

B **Un(a) amigo(a) ideal** What are some of the qualities an ideal friend would have? With a classmate discuss what you think an ideal friend is like.

El Zócalo, Ciudad de México

Estructura

Describing one person or thing
Artículos—el, la, un, una

1. The name of a person, place, or thing is a noun. In Spanish, every noun has a gender, either masculine or feminine. Many Spanish nouns end in either **o** or **a.** Almost all nouns that end in **o** are masculine, and almost all nouns that end in **a** are feminine.

2. There are two types of articles. The English word *the* is called a definite article because it is used to refer to a definite or specific person or thing—*the* girl, *the* school. The word *a (an)* is called an indefinite article because it refers to any person or thing, not a specific one—*a* girl, *a* school.

3. The definite articles in Spanish are **el** and **la. El** is used with a masculine noun and **la** is used with a feminine noun. The indefinite articles are **un** and **una. Un** is used with a masculine noun and **una** is used with a feminine noun.

el muchacho	**la muchacha**	**un muchacho**	**una muchacha**
el colegio	**la escuela**	**un colegio**	**una escuela**

A HISTORIETA El muchacho y la muchacha

Contesten con **sí.** *(Answer with* sí.*)*

1. ¿Es americano el muchacho?
2. ¿Y la muchacha? ¿Es ella americana?
3. ¿Es bastante guapo el muchacho?
4. ¿Es muy bonita la muchacha?

B   HISTORIETA   El muchacho mexicano y la muchacha americana

Completen con **el** o **la**. *(Complete with* el *or* la.*)*

_____ muchacho es mexicano. _____ muchacha es americana.
⎯1⎯   ⎯2⎯
_____ muchacho mexicano es Paco y _____ muchacha americana es
⎯3⎯   ⎯4⎯
Linda. _____ muchacha es morena y _____ muchacho es
      ⎯5⎯   ⎯6⎯
moreno. _____ muchacha es alumna en _____ Escuela
        ⎯7⎯   ⎯8⎯
Belair en Houston. _____ muchacho es alumno en _____
               ⎯9⎯   ⎯10⎯
Colegio Hidalgo en Guadalajara.

Nueva York

C   HISTORIETA   Un muchacho y una muchacha

Completen con **un** o **una**. *(Complete with* un *or* una.*)*

Roberto es _____ muchacho americano y
              ⎯1⎯
Maricarmen es _____ muchacha chilena. Roberto es
               ⎯2⎯
_____ alumno muy serio. Pero es _____ muchacho
⎯3⎯   ⎯4⎯
muy gracioso. Él es alumno en _____ escuela
                    ⎯5⎯
secundaria en Nueva York. Maricarmen es _____ alumna
                            ⎯6⎯
muy seria también. Ella es alumna en _____ colegio chileno
                           ⎯7⎯
en Santiago.

Describing a person or thing
Adjetivos en el singular

Santiago de Chile

1. A word that describes a noun is an adjective. The italicized
words in the following sentences are adjectives.

> **El muchacho *rubio* es muy *guapo*.**
> **La muchacha *morena* es una alumna muy *buena*.**

2. In Spanish, an adjective must agree with the noun it describes or modi-
fies. If the noun is masculine, then the adjective must be in the mascu-
line form. If the noun is feminine, the adjective must be in the feminine
form. Many singular masculine adjectives end in **o,** and many singular
feminine adjectives end in **a.**

> **un muchacho gracioso**   **una muchacha graciosa**
> **un alumno serio**   **una alumna seria**

❧Práctica❧

A HISTORIETA Elena y Eduardo

Contesten. *(Answer.)*

1. ¿Es Elena americana o venezolana?
2. Y Eduardo, ¿es él americano o venezolano?
3. ¿Es moreno o rubio el muchacho?
4. Y la muchacha, ¿es ella rubia o morena?
5. ¿Es Elena una alumna seria?
6. ¿Es ella alumna en una escuela americana?
7. Y Eduardo, ¿es él un alumno serio también?
8. ¿Es él alumno en un colegio venezolano?

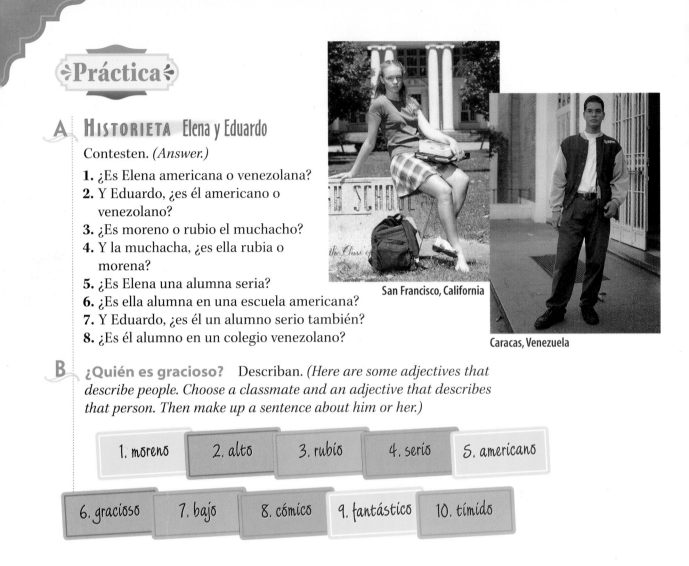

San Francisco, California

Caracas, Venezuela

B ¿Quién es gracioso? Describan. *(Here are some adjectives that describe people. Choose a classmate and an adjective that describes that person. Then make up a sentence about him or her.)*

1. moreno
2. alto
3. rubio
4. serio
5. americano
6. gracioso
7. bajo
8. cómico
9. fantástico
10. tímido

❧Actividades comunicativas❧

A ¿Quién es y cómo es? Show a classmate this photo of Isabel García, a new friend you made in San Miguel de Allende, Mexico. One of your classmates wants to know all about Isabel. Answer his or her questions.

B ¿Quién es y cómo es? Here's a photo of Pablo Gómez, another friend you met on your trip. He's from Guanajuato. Answer your classmate's questions about him.

Guanajuato, México

San Miguel de Allende, México

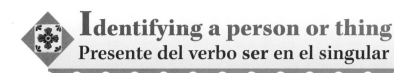

Identifying a person or thing
Presente del verbo ser en el singular

1. The verb *to be* in Spanish is **ser.** Study the following forms of this verb.

SER	
yo	soy
tú	eres
él	es
ella	es

2.

Yo soy Eugenio.

Tú eres Juan.

Él es Alejandro.

Ella es una alumna seria.

You use **yo** to talk about yourself.

You use **tú** to address a friend.

You use **él** or the person's name to talk about a boy or man.

You use **ella** or the person's name to talk about a girl or woman.

Note that the form of the verb changes with each person.

3. Since the form of the verb changes with each person, the subjects **yo, tú, él,** and **ella** can be omitted.

> **Soy Paco.**
> **Eres mexicano, ¿no?**
> **Es alumna.**

4. To make a sentence negative, you simply put **no** in front of the verb.

> **Él es mexicano. No es colombiano.**
> **Yo soy de Bogotá. No soy de Cali.**

❖Práctica❖

A ¡Qué coincidencia! Practiquen la conversación.
(Practice the conversation.)

B **Julia Rivera y Emilio Ortega** Hablen de Julia y Emilio.
(Tell what you know about Julia and Emilio.)

C **Yo soy...** Contesten personalmente. *(Answer these questions about yourself.)*

1. ¿Eres americano(a) o cubano(a)?
2. ¿Eres alumno(a)?
3. ¿Eres alumno(a) en una escuela secundaria?
4. ¿De dónde eres?
5. ¿Cómo eres? ¿Eres alto(a) o bajo(a)?
6. ¿Eres muy serio(a) o bastante gracioso(a)?

D HISTORIETA José, ¿eres...?

Pregúntenle a José Fuentes si es...
(Ask José Fuentes if he is . . .)

1. puertorriqueño
2. de Ponce
3. alumno en un colegio de Ponce
4. un amigo de Inés García

Ponce, Puerto Rico

Santiago de Chile

E HISTORIETA Inés, ¿eres...?

Pregúntenle a Inés García si es...
(Ask Inés García if she is . . .)

1. de Chile
2. de Santiago
3. alumna en un colegio
4. una amiga de José Fuentes

Actividades comunicativas

A En un café You've just met a student your own age at a café in San Miguel de Allende, Mexico. Have a conversation to get to know one another better.

B Un(a) amigo(a) nuevo(a) A classmate will think of someone in class you both know and pretend that that person is his or her new boyfriend or girlfriend. Ask as many questions as you can to try and find out who the new boyfriend or girlfriend is.

San Miguel de Allende, México

JUEGO ¡Soy una persona fantástica! Have a contest with a classmate to see which one of you can boast the most. Say something good about yourself and then your partner will "one-up" you.

ALUMNA 1: **Yo soy simpática.**
ALUMNA 2: **Yo soy simpática. Y soy generosa también.**

¿De dónde eres?

RAFAEL: ¡Hola, José! ¿Qué tal, amigo?

JOSÉ: Bien, Rafael.

RAFAEL: Oye, José. ¿Quién es el muchacho alto allí?

JOSÉ: ¿Quién? ¿El rubio?

RAFAEL: Sí, él.

JOSÉ: Pues, es Felipe García. Él es un alumno nuevo. Soy un amigo de Felipe. ¡FELIPE!

FELIPE: Hola, José.

JOSÉ: Felipe, Rafael.

FELIPE: Hola, Rafael. Mucho gusto.

RAFAEL: Mucho gusto. ¿De dónde eres, Felipe?

FELIPE: Soy de Puerto Rico.

RAFAEL: ¿Sí? Hombre, yo también soy puertorriqueño.

Después de conversar

Contesten. (Answer.)

1. ¿Es José un amigo de Rafael?
2. ¿Quién es el muchacho alto?
3. ¿Es rubio el muchacho alto?
4. ¿Quién es un alumno nuevo en la escuela?
5. ¿Es José un amigo de Felipe?
6. ¿Es Rafael un amigo de Felipe?
7. ¿De dónde es Felipe?
8. Y Rafael, ¿de qué nacionalidad es?

Actividades comunicativas

A **¿Quién es?** Think of someone in the class, but don't tell who it is. Say just one thing about the person and let your partner take a guess. If he or she guesses incorrectly, give another hint. Continue until your partner guesses correctly. Take turns.

Es alta.
No, no es Mónica.

¿Es Mónica?

JUEGO **¿Quién soy yo?** Play a guessing game. Think of someone in the class. Pretend you're that person and describe yourself. A classmate has to guess who you are.

PRONUNCIACIÓN

Las vocales *a, o, u*

When you speak Spanish, it is important to pronounce the vowels carefully. The vowel sounds in Spanish are very short, clear, and concise. The vowels in English have several different pronunciations, but in Spanish they have only one sound. Imitate carefully the pronunciation of the vowels **a, o,** and **u**. Note that the pronunciation of **a** is similar to the *a* in *father,* **o** is similar to the *o* in *most,* and **u** is similar to the *u* in *flu.*

a	o	u
Ana	o	uno
baja	no	mucha
amiga	Paco	mucho
alumna	amigo	muchacho

Repeat the following sentences.

> Ana es alumna.
> Adán es alumno.
> Ana es amiga de Adán.

CONVERSACIÓN

Lecturas CULTURALES

Reading Strategy

Cognates

Words that look alike and have similar meanings in Spanish and English (**famoso**, *famous*) are called "cognates." Look for cognates whenever you read in Spanish. Recognizing cognates can help you figure out the meaning of many words in Spanish and will thus help you understand what you read.

EL QUIJOTE

El Quijote es una novela famosa de la literatura española. El autor de *El Quijote* es Miguel de Cervantes Saavedra.

El Quijote es la historia del famoso caballero andante[1], don Quijote de la Mancha. La Mancha es una región de España.

Don Quijote es alto y flaco. Sancho Panza es el compañero o escudero[2] de don Quijote. ¿Es alto y flaco como don Quijote? No, de ninguna manera. Sancho es bajo y gordo. Sancho Panza es una persona muy graciosa. Es muy cómico. ¿Y don Quijote? De ninguna manera. No es cómico. Él es muy serio y es muy honesto y generoso. Pero según[3] Sancho Panza, don Quijote es muy tonto[4]. Y según don Quijote, Sancho es perezoso.

[1]caballero andante *knight errant*
[2]escudero *knight's attendant*
[3]según *according to*
[4]tonto *foolish*

Miguel de Cervantes Saavedra

ESPAÑA

Madrid ★

La Mancha

Sancho Panza y Don Quijote

La Mancha, España

Después de leer

A **¿Es don Quijote o Sancho Panza?**
Decidan. *(Decide whether each sentence describes Don Quijote or Sancho Panza.)*

1. Es bajo.
2. Es alto.
3. Es muy gracioso.
4. Es gordo.
5. Es flaco.
6. Es muy serio.
7. Es un caballero andante.
8. Es honesto y generoso.
9. Es un escudero.

B **Palabras afines** Busquen cinco palabras afines en la lectura.
(Find five cognates in the reading.)

«Don Quijote» de Pablo Picasso

LECTURA OPCIONAL 1

UNA ALUMNA VENEZOLANA

Alicia Bustelo es una muchacha venezolana. Ella es de Caracas, la capital de Venezuela. Alicia es alta y es una muchacha bastante bonita. Es muy graciosa. Pero es también una alumna muy seria. Es alumna en el Colegio Simón Bolívar. En Latinoamérica un colegio es una escuela secundaria. El Colegio Simón Bolívar es una escuela muy buena.

Plaza Simón Bolívar, Caracas

VENEZUELA
Caracas

AMÉRICA
DEL SUR

Después de leer

A **Latinoamérica** Busquen la información en la lectura. *(Find the information in the reading.)*

1. the name of a Latin American country
2. the name of a Latin American capital
3. the name of a Latin American hero
4. the term for the Spanish-speaking countries of the Americas

SIMÓN BOLÍVAR Y JOSÉ DE SAN MARTÍN

María Iglesias es una muchacha venezolana. Ella es de Caracas, la capital. El colegio de María Iglesias es el Colegio Simón Bolívar. Y la plaza principal de Caracas es la Plaza Simón Bolívar. Simón Bolívar es un héroe famoso de la América del Sur.

José Ayerbe no es venezolano. Él es peruano. Es de Lima, la capital del Perú. El colegio de José Ayerbe es el Colegio San Martín. Y la plaza principal de Lima es la Plaza San Martín. San Martín es otro héroe famoso de la América del Sur.

Simón Bolívar y José de San Martín luchan contra[1] España por la independencia de los países[2] de la América del Sur. Simón Bolívar es el gran[3] «libertador» de los países del norte del continente sudamericano y San Martín es el libertador de los países del sur.

[1]luchan contra
  fight against
[2]países countries
[3]gran great

Simón Bolívar

José de San Martín

Después de leer

A Héroes Den ejemplos. *(Give examples.)*

Many schools in Spain and in Latin America are named after heroes. Is the same true in the United States? Give some examples.

B El libertador Expliquen. *(Explain.)*

What is the meaning of the word **libertador** or *liberator* in English? What does a liberator do?

C Historia de los Estados Unidos Contesten. *(Answer.)*

Who is considered the liberator of the United States? What did he fight for?

Conexiones

Las ciencias sociales

LA GEOGRAFÍA

Geography is the study of the Earth; it deals with all of Earth's features, particularly the natural forces that create these features and cause them to change. It is also the study of where people, animals, and plants live and how rivers, deserts, and other of Earth's features affect their lives. It is a subject that has interested human beings since earliest times.

Look at the map of South America. Notice how many geographical terms you will be able to recognize in Spanish. Now find out how easy it is to read about geography in Spanish.

LA ISLA

EL CONTINENTE

EL DESIERTO

LA MONTAÑA

EL OCÉANO — LA PENÍNSULA

El río Tajo, España

El desierto Atacama, Chile

La geografía

Hay cuatro puntos cardinales:
el norte, el sur, el este y el oeste.

Hay siete continentes: la América
del Norte, la América del Sur, Europa,
África, Asia, Australia y la Antártida.

El océano Atlántico es muy grande.
Es inmenso. El océano Pacífico es muy
grande también.

España es parte de una península.
Puerto Rico es una isla. El español es
la lengua[1] de España. Es la lengua de
Puerto Rico también. El español es
una lengua muy importante. Es la
lengua de 21 (veintiún) países[2] en
la América del Sur, en la América
Central, en la América del Norte y
en Europa.

Tossa de Mar, Costa Brava, España

Los Andes, Argentina

[1]lengua *language*
[2]países *countries*

Después de leer

A **Un poco de geografía** Escojan la palabra. *(Choose the correct word to complete each sentence. You may use a word more than once.)*

1. Europa es un _____.
2. España no es una isla. España es parte de una _____.
3. Puerto Rico es una _____.
4. Cuba es otra _____.
5. El Sahara es un _____ de África y el Atacama es un _____ de la América del Sur.

> continente
> isla
> océano
> desierto
> península

B **Estrategias** Adivinen. *(Guess the meaning of the following words.)*

Often you can guess the meaning of words because of other knowledge you have. You may not know the meaning of **el río** but when you see **el río Misisipí** or **el río Hudson,** you can probably figure out what **río** means.

1. el **río** Hudson
2. la **bahía** Chesapeake
3. el **lago** Superior, el **lago** Erie
4. el **golfo** de México
5. el **mar** Mediterráneo

Culminación

Actividades orales

Barcelona, España

A **Un amigo nuevo** Work with a classmate. Here's a picture of your new friend, Carlos Álvarez. He's from Barcelona, Spain. Say as much as you can about him and answer any questions your partner may have about Carlos.

B **Una alumna nueva** Inés Figueroa (a classmate) is a new girl in your school. You want to get to know her better and help her feel at home. Find out as much as you can about her. Tell Inés about yourself, too.

C **Oye, ¿quién es?** You and a friend (a classmate) are in a café in San Juan, Puerto Rico. You see an attractive girl or boy across the room. It just so happens your friend knows the person. Ask your friend as many questions as you can to find out more about the boy or girl you're interested in.

San Juan, Puerto Rico

Actividad escrita

A **Un amigo español** The following is a letter you just received from a new pen pal. First read the letter. Then answer it. Give Jorge similar information about yourself.

¡Hola!

Soy Jorge Pérez Navarro. Soy de Madrid, la capital de España. Soy español. Soy alumno en el Colegio Sorolla. Soy rubio y bastante alto. Soy bastante gracioso. No soy muy serio. Y no soy tímido. De ninguna manera.

Hasta pronto,

Jorge

Plaza de Cibeles, Madrid, España

Writing Strategy

Freewriting

One of the easiest ways to begin any kind of personal writing is simply to begin—to let your thoughts flow and write the first thing that comes to mind. Sometimes as you think of one word, another word will come to mind. If you get stuck, take several minutes to think of another word or phrase. Such brainstorming and freewriting are sometimes the best sources when doing any type of writing about yourself.

¿Quién soy yo?

On a piece of paper write down as much as you can about yourself in Spanish. Your teacher will collect the descriptions and choose students to read them to the class. You'll all try to guess who's being described.

Vocabulario

IDENTIFYING A PERSON OR THING

el muchacho
la muchacha
el amigo
la amiga
el alumno

la alumna
la persona
el colegio
la escuela

DESCRIBING A PERSON

alto(a)
bajo(a)
guapo(a)
bonito(a)
lindo(a)
feo(a)
moreno(a)
rubio(a)
flaco(a)
gordo(a)
gracioso(a)
cómico(a)

serio(a)
ambicioso(a)
perezoso(a)
bueno(a)
fantástico(a)
tímido(a)
sincero(a)
honesto(a)
generoso(a)
simpático(a)
ser

STATING NATIONALITY

americano(a)
chileno(a)
colombiano(a)
cubano(a)

mexicano(a)
puertorriqueño(a)
venezolano(a)

FINDING OUT INFORMATION

¿quién?
¿qué?
¿cómo?

¿de dónde?
¿de qué nacionalidad?
¿no?

EXPRESSING DEGREES

bastante
muy
no, de ninguna manera

OTHER USEFUL EXPRESSIONS

secundario(a)

TECNOTUR

VIDEO

¡Buen viaje!

EPISODIO 1 ▸ Hola, yo soy...

Cristina

Isabel

Juan Ramón

Teresa

Luis

CD-ROM

Expansión cultural

FRANCIA
PORTUGAL
Madrid ★
ESPAÑA
Málaga
MARRUECOS

MALACA INSTITUTO
C/ Cortada 6 – Cerrado de Calderón
29018 Málaga – ESPAÑA

interNET CONNECTION

In this video episode, we are introduced to five teenagers: Juan Ramón and Cristina are Hispanic Americans from Los Angeles. Juan Ramón's family is originally from Puerto Rico, and Cristina's is from Colombia. Their friends Isabel and Luis are from Mexico, and Teresa is from Spain. To find out where these countries are located and other countries where Spanish is spoken, go to the **Capítulo 1** Internet activity at the **Glencoe Foreign Language** Web site:

http://www.glencoe.com/sec/fl

El Instituto Malaca en Málaga, España, es un instituto internacional para clases de español.

CAPÍTULO 2

Alumnos y cursos

Objetivos

In this chapter you will learn to do the following:

- ∞ describe people and things
- ∞ talk about more than one person or thing
- ∞ tell what subjects you take in school and express some opinions about them
- ∞ tell time
- ∞ tell at what time an event takes place
- ∞ talk about Spanish speakers in the United States

Vocabulario

¿Quiénes son?

PUERTO RICO

• Ponce

las alumnas

las amigas

los alumnos

los amigos

¿Qué son?

Marta y Adela son puertorriqueñas.
Juan y Ricardo son puertorriqueños también.
Los cuatro amigos son de Ponce.
Ellos son alumnos en la misma escuela.
Son muy inteligentes.

¿Cómo son las clases?

el profesor

la clase

los alumnos

la profesora

Es una clase pequeña.
¿Cuántos alumnos hay en la clase?
Hay pocos alumnos en la clase.
Es una clase aburrida.

Es una clase grande.
Hay muchos alumnos en la clase.
Es una clase interesante.

El curso de matemáticas
es bastante difícil (duro).

El curso de español no es difícil.
Es fácil.

NOTA Once again you will see how many Spanish words you already know because they are cognates. You should have no trouble guessing the meaning of these words.

el curso
la clase
el profesor, la profesora

inteligente
interesante
popular

dominicano
ecuatoriano
panameño

❖ Práctica ❖

A HISTORIETA Los cuatro amigos argentinos

Contesten. *(Answer.)*

1. ¿Son amigas Sara y Julia?
2. ¿Son amigos David y Alejandro?
3. ¿Son argentinos o mexicanos los cuatro amigos?
4. ¿Son de Buenos Aires o de Puebla?
5. ¿Son ellos alumnos muy buenos?

Plaza San Martín, Buenos Aires, Argentina

B HISTORIETA La clase de español

Contesten. *(Answer based on your own experience.)*

1. ¿Es grande o pequeña la clase de español?
2. ¿Hay muchos o pocos alumnos en la clase de español?
3. ¿Quién es el profesor o la profesora de español?
4. ¿De qué nacionalidad es él o ella?
5. ¿Cómo es el curso de español? ¿Es un curso interesante o aburrido?
6. ¿Es fácil o difícil el curso de español?
7. ¿Son muy inteligentes los alumnos en la clase de español?
8. ¿Son ellos alumnos serios?
9. ¿Cuántos alumnos hay en la clase de español?

¿Lo sabes?

The word **hay** means "there is" or "there are."

Una clase de español

C De ninguna manera   Sigan el modelo. *(Follow the model.)*

Son interesantes, ¿no?

No, de ninguna manera.

Entonces, ¿cómo son?

Son aburridos.

1. Son pequeños, ¿no?
2. Son aburridos, ¿no?
3. Son fáciles, ¿no?
4. Son altos, ¿no?
5. Son bonitos, ¿no?

Actividades comunicativas

A **¿Cómo es la clase?**   With a classmate, look at the illustration. Take turns asking each other questions about it. Use the following question words: **¿qué? ¿quién? ¿cómo? ¿de dónde? ¿cuántos?**

B **La escuela ideal**   Get together with a classmate. Describe what for each of you is an ideal school. Say as much as you can about the teachers, classes, and students. Determine whether you agree.

Vocabulario

Los cursos escolares

Las ciencias

la biología
la química
la física

Las matemáticas

la aritmética
el álgebra
la geometría
el cálculo

Las lenguas

el español
el inglés
el francés
el alemán
el latín

Las ciencias sociales

la historia
la geografía

Otras asignaturas o disciplinas

la educación física
la música
el arte
la economía doméstica
la informática

¿Qué son?

> ¡Hola, todos!
> Nosotros somos americanos.
> Uds. son americanos también, ¿no?
> ¿Son Uds. alumnos de español?
> Nosotros, sí. Y somos alumnos muy buenos.

Más números

31	treinta y uno	**36**	treinta y seis	**50**	cincuenta
32	treinta y dos	**37**	treinta y siete	**60**	sesenta
33	treinta y tres	**38**	treinta y ocho	**70**	setenta
34	treinta y cuatro	**39**	treinta y nueve	**80**	ochenta
35	treinta y cinco	**40**	cuarenta	**90**	noventa

⊹Práctica⊹

A Ciencias, lenguas o matemáticas   Contesten con **sí** o **no**.
(Answer with sí or no.)

1. La biología es una ciencia.
2. La historia y la geografía son matemáticas.
3. El cálculo es una lengua.
4. El latín y el francés son lenguas.
5. El arte y la música son cursos obligatorios.

B Cursos fáciles y difíciles   Contesten personalmente.
(Answer based on your own experience.)

1. ¿Es el español un curso difícil o fácil?
2. ¿Es grande o pequeña la clase de español?
3. ¿Qué cursos son fáciles?
4. ¿Cuántos cursos son fáciles?
5. ¿Qué cursos son difíciles?
6. ¿Cuántos cursos son difíciles?
7. ¿Qué cursos son interesantes?
8. ¿Qué cursos son aburridos?

C HISTORIETA Alumnos americanos

Completen. *(Complete.)*

1. ¿De qué nacionalidad son los alumnos?
2. ¿Son alumnos en una escuela secundaria?
3. ¿Son alumnos de química?
4. ¿Son alumnos buenos o malos en la química?

D ¿Qué curso o asignatura es?
Identifiquen el curso. *(Identify the course.)*

1. el problema, la ecuación, la solución, la multiplicación, la división
2. la literatura, la composición, la gramática
3. un microbio, un animal, una planta, el microscopio, el laboratorio
4. el círculo, el arco, el rectángulo, el triángulo
5. el piano, el violín, la guitarra, el concierto, la ópera, el coro
6. las montañas, los océanos, las capitales, los recursos naturales
7. la pintura, la estatua, la escultura
8. el fútbol, el básquetbol, el béisbol, el voleibol, el tenis

Una clase de ciencias

Actividades comunicativas

A **¡Qué clase tan difícil!** Divide into groups of three or four. In each group rate your courses as **fácil, difícil, regular, interesante, aburrido, fantástico.** Tally the results and report the information to the class.

Córdoba, España

B **En España** You are spending the summer with a family in Córdoba in southern Spain. Tell your Spanish "brother" or "sister" (your partner) all you can about your Spanish class and your Spanish teacher. Answer any questions he or she may have.

JUEGO **Un número secreto** Think of a number between 1 and 99. Your partner will try to guess the number you have in mind. Use a hand gesture to indicate whether the number you are thinking of is higher or lower. Continue until your partner guesses the correct number. Take turns.

Estructura

Describing more than one
Sustantivos, artículos y adjetivos en el plural

1. Plural means "more than one." In Spanish, the plural of most nouns is formed by adding an **s.**

SINGULAR	PLURAL
el muchacho	**los muchachos**
el colegio	**los colegios**
la amiga	**las amigas**
la escuela	**las escuelas**

2. The plural of the definite articles **el** and **la** are **los** and **las.** The plural forms of the indefinite articles **un** and **una** are **unos** and **unas.**

SINGULAR	PLURAL
el curso	**los cursos**
la alumna	**las alumnas**
un amigo	**unos amigos**
una amiga	**unas amigas**

3. To form the plural of adjectives that end in **o, a,** or **e,** you add **s** to the singular form.

El alumno es serio.	**Los alumnos son serios.**
La alumna es seria.	**Las alumnas son serias.**
La lengua es interesante.	**Las lenguas son interesantes.**

4. To form the plural of adjectives that end in a consonant, you add **es.**

El curso es fácil.	**Los cursos son fáciles.**
La lengua es fácil.	**Las lenguas son fáciles.**

COLEGIO EXTERNADO DE SAN JOSE
SAN SALVADOR.

EXAMEN DE 2a. QUINCENA III TRIMESTRE
I N G L E S.
TURNO VESPERTINO.

NOMBRE: Diana Aída Martínez Cortez   • 22   SECC: B   10

I PARTE: Traslate into English.

- La casa esta limpia.   The house is clean
- El policia es fuerte.   The policeman is strong
- El doctor es guapo.   The doctor is handsome
- Rose es gorda.   Rose is fat
- El carro es caro.   The car is expensive

Práctica

A HISTORIETA Amigos nuevos

Contesten con **sí**. (*Answer with* sí.)

1. ¿Son amigos nuevos los dos muchachos?
2. ¿Son chilenos los dos muchachos?
3. ¿Son ellos alumnos en un colegio en Santiago de Chile?
4. ¿Son alumnos serios?
5. ¿Son ellos muchachos populares?

Santiago de Chile

B ¿Cómo son? Describan a las personas. (*Describe the people.*)

1. David, Domingo

2. Inés, Susana

3. Paco, Eduardo

4. Isabel, Carmen

C HISTORIETA La señora Ortiz

Completen. (*Complete with any logical response.*)

La señora Ortiz es una profesora muy ___1___. Las clases de la señora Ortiz son ___2___. Las clases de la señora Ortiz no son ___3___. Los alumnos de la señora Ortiz son ___4___. No son ___5___.

Talking about more than one
Presente de **ser** en el plural

1. You have already learned the singular forms of the verb **ser.**
Review the following.

yo	soy
tú	eres
él	es
ella	es

2. Now study the plural forms of the verb **ser.**

nosotros(as)	somos
ellos	son
ellas	son
Uds.	son

3.

Nosotros somos rubios.

Ellos son americanos.

When you talk about yourself and another person or other people, you use the **nosotros(as)** form.

You use **ellos** when talking about two or more males or a mixed group of males and females.

Ellas son muy simpáticas.

¿Uds. son amigos?   Sí, somos amigos.

You use **ellas** when talking about two or more females.

When talking to more than one person, you use **ustedes,** the plural form for **tú. Ustedes** is commonly abbreviated as **Uds.**

Práctica

A Somos alumnos americanos. Practiquen la conversación. *(Practice the conversation.)*

¿Son Uds. americanos?

Sí, somos americanos.

¿Son Uds. alumnos?

Sí, somos alumnos. Y somos alumnos serios.

¿En qué escuela son Uds. alumnos?

Somos alumnos en la Escuela Jorge Wáshington. Y Uds., ¿son Uds. alumnas?

Sí, somos alumnas en la Escuela Martin Luther King.

Completen según la conversación. *(Complete according to the conversation.)*

Los muchachos _____ americanos. Ellos _____ alumnos. _____
$\overline{\quad}_1$ $\overline{\quad}_2$ $\overline{\quad}_3$
alumnos muy serios. _____ alumnos buenos. _____ alumnos en la
$\overline{\quad}_4$ $\overline{\quad}_5$
Escuela Jorge Wáshington. Las muchachas _____ americanas también.
$\overline{\quad}_6$
_____ alumnas en la Escuela Martin Luther King.
$\overline{\quad}_7$

B Él, ella y yo Contesten. *(Answer with a classmate.)*

1. ¿Son Uds. amigos?
2. ¿Son Uds. alumnos serios?
3. ¿Son Uds. graciosos?
4. ¿En qué escuela son Uds. alumnos?
5. ¿Son Uds. alumnos en la misma clase de español o en clases diferentes?
6. ¿Son Uds. alumnos buenos en español?

C ¿Qué son Uds.? Formen preguntas según el modelo.
(Ask classmates questions according to the model.)

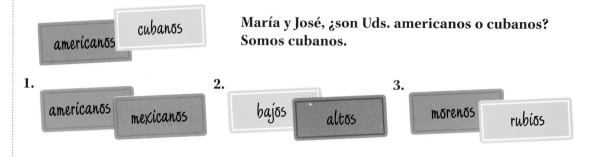

americanos   cubanos

María y José, ¿son Uds. americanos o cubanos?
Somos cubanos.

1. americanos mexicanos

2. bajos altos

3. morenos rubios

D HISTORIETA El amigo de Carlos

Completen con **ser.** *(Complete with ser.)*

Yo ___ un amigo de Carlos. Carlos
$\overline{}_{1}$

___ muy simpático. Y él ___ gracioso.
$\overline{}_{2}$ $\overline{}_{3}$

Carlos y yo ___ dominicanos.
$\overline{}_{4}$

___ de la República Dominicana.
$\overline{}_{5}$

La República Dominicana ___ parte
$\overline{}_{6}$

de una isla en el mar Caribe. Nosotros

___ alumnos en un colegio en Santo
$\overline{}_{7}$

Domingo. Santo Domingo ___ la capital
$\overline{}_{8}$

de la República Dominicana. Nosotros

___ alumnos de inglés. La profesora
$\overline{}_{9}$

de inglés ___ la señora Drake. Ella
$\overline{}_{10}$

___ americana.
$\overline{}_{11}$

La clase de inglés ___ bastante
$\overline{}_{12}$

interesante. Nosotros ___ muy buenos
$\overline{}_{13}$

en inglés. Nosotros ___ muy inteligentes.
$\overline{}_{14}$

¿Y Uds.? Uds. ___ americanos, ¿no?
$\overline{}_{15}$

¿De dónde ___ Uds.? ¿___ Uds.
$\overline{}_{16}$ $\overline{}_{17}$

alumnos en una escuela secundaria?

¿___ Uds. alumnos de español?
$\overline{}_{18}$

Santo Domingo, República Dominicana

Actividad comunicativa

A **¿De qué nacionalidad son?** Work in groups of four. Two of you get together and choose a city below, but don't tell the other students in your group which one. The other two have to guess where you're from by asking you questions. Take turns. You may use the model as a guide.

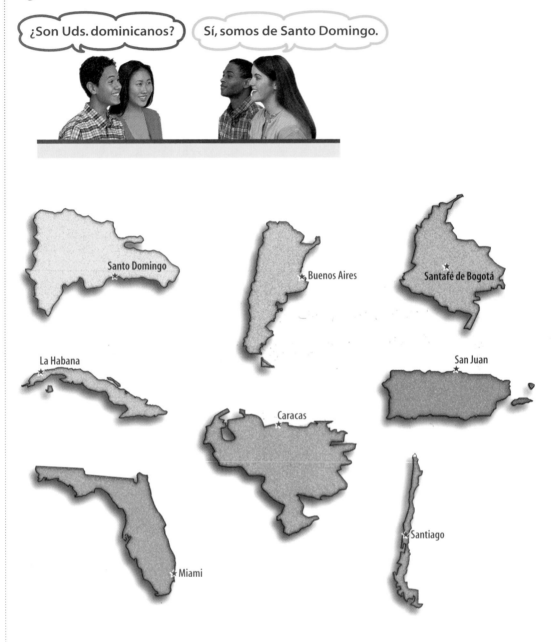

¿Son Uds. dominicanos?

Sí, somos de Santo Domingo.

Santo Domingo

Buenos Aires

Santafé de Bogotá

La Habana

San Juan

Caracas

Santiago

Miami

ESTRUCTURA

Telling time
La hora

1. Observe the following examples of how to tell time.

¿Qué hora es?

Es la una.

Son las dos.

Son las diez.

Son las doce.

Es el mediodía.

Es la medianoche.

Es la una y diez.

Son las tres y cinco.

Son las cuatro
y veinticinco.

Son las cinco
menos veinte.

Son las seis
menos diez.

Son las diez
menos cinco.

Son las dos y cuarto.

Son las siete
menos cuarto.

Son las seis y media.

2. To indicate A.M. and P.M. in Spanish, you use the following expressions.

**Son las ocho
de la mañana.**

Son las tres de la tarde.

**Son las once
de la noche.**

3. Note how to ask and tell what time something (such as a party) takes place.

> **¿*A* qué hora es la fiesta?**   **La fiesta es *a* las nueve.**

❖Práctica❖

A **¿Qué hora es?**   Digan la hora. *(Tell the time on each clock.)*

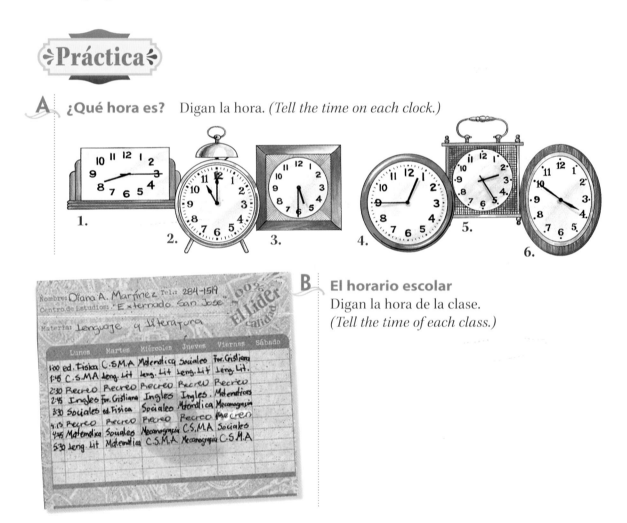

1.
2.
3.
4.
5.
6.

B **El horario escolar**
Digan la hora de la clase.
(Tell the time of each class.)

Conversación

¿De qué nacionalidad son Uds.?

PATRICIO: ¿De dónde son Uds.?

MANUEL: ¿Nosotros? Somos americanos.

PATRICIO: ¿Ah, sí? ¿De dónde?

MANUEL: Somos de Tejas, de San Antonio. ¿De qué nacionalidad son Uds.?

PATRICIO: Somos mexicanos. Somos de Coyoacán.

MANUEL: ¿Coyoacán?

PATRICIO: Sí, es una colonia de la Ciudad de México, la capital.

Después de conversar

Contesten. *(Answer.)*

1. ¿De dónde son los muchachos americanos?
2. ¿De dónde son los muchachos mexicanos?
3. ¿Cuál es la capital de México?
4. ¿Cuál es una ciudad en el estado de Tejas?
5. ¿Cuál es una parte de la Ciudad de México?

Actividades comunicativas

A. En la Argentina Work in groups of four. Two of you are visiting Buenos Aires and you meet two Argentine students in a café. Find out as much about each other and your schools as you can.

La Recoleta, Buenos Aires, Argentina

JUEGO **¿Qué clase es?** Work with a classmate. He or she gives you a one-sentence description of a class. Guess what class it is. If you're wrong, your partner will give you another hint. Continue until you guess the class being described. Take turns.

PRONUNCIACIÓN

Las vocales *e, i*

The sounds of the Spanish vowels **e** and **i** are short, clear, and concise. The pronunciation of **e** is similar to *a* in *mate*. The pronunciation of **i** is similar to the *ee* in *bee* or *see*. Imitate the pronunciation carefully.

e	i
Elena	Isabel
peso	Inés

Repeat the following sentences.

Elena es una amiga de Felipe.
Inés es tímida.
Sí, Isabel es italiana.

CONVERSACIÓN

Lecturas CULTURALES

Reading Strategy

Using titles and subtitles

Look at titles and subtitles before you begin to read. They will usually help you know what a reading selection will be about. Having an idea of what a reading will be about will help you understand better as you read.

EL ESPAÑOL EN LOS ESTADOS UNIDOS

Mexicanoamericanos

¡Hola! Somos Alejandro Chávez y Guadalupe Garza. Somos alumnos en una escuela secundaria de Pueblo, Colorado. Somos alumnos en una escuela secundaria americana. Pero para nosotros el español no es una lengua extranjera[1]. ¿Por qué[2]? Porque nosotros somos de ascendencia[3] mexicana. Somos mexicanoamericanos.

[1]extranjera *foreign*
[2]¿Por qué? *Why?*
[3]ascendencia *background, descent*

Jóvenes de ascendencia mexicana

Cubanoamericanos

Nosotros somos Raúl Ugarte y Marta Dávila. Somos de Miami, en la Florida. Como muchas personas en Miami, somos de ascendencia cubana. Somos cubanoamericanos.

En los Estados Unidos hay unos veinte millones de hispanohablantes[4]. El español es una lengua muy importante en los Estados Unidos.

[4]hispanohablantes *Spanish speakers*

Jóvenes de ascendencia cubana

Miami, La Florida

Después de leer

A **Alejandro Chávez y Guadalupe Garza** Contesten. *(Answer.)*

1. ¿Quiénes son Alejandro Chávez y Guadalupe Garza?
2. ¿Dónde son alumnos?
3. ¿De dónde son ellos?
4. Para Alejandro y Guadalupe, ¿es el español una lengua extranjera?
5. ¿Por qué no? ¿Qué son ellos?

B **Raúl Ugarte y Marta Dávila** Corrijan.
(Correct the false statements.)

1. Raúl Ugarte y Marta Dávila son de ascendencia mexicana.
2. Ellos son mexicanoamericanos.
3. Ellos son de San Antonio, Tejas.
4. Hay unos veinte millones de hispanohablantes en Cuba.

SAN ANTONIO

San Antonio es una ciudad[1] muy bonita de Tejas. Es una ciudad muy histórica. Es la ciudad favorita de muchos turistas. San Antonio es una ciudad bilingüe. Hay mucha gente[2] de ascendencia mexicana en San Antonio. Hay muchos mexicanoamericanos.

[1]ciudad *city*
[2]gente *people*

El río, San Antonio

El Álamo, San Antonio

Después de leer

A **¿Cómo es San Antonio?** Contesten con **sí** o **no**.
(*Answer with* sí *or* no.)

1. San Antonio es una ciudad bastante fea.
2. Hay monumentos históricos en San Antonio.
3. San Antonio es una ciudad de México.
4. Hay muchos hispanohablantes en San Antonio.
5. Hay muchos mexicanoamericanos en San Antonio.

B **En español, por favor.** Busquen las palabras afines en la lectura.
(*Find the following cognates in the reading.*)

1. favorite
2. historic
3. bilingual
4. tourists

COYOACÁN

La Ciudad de México es hoy día[1] la ciudad más grande del mundo[2]. Coyoacán es una colonia en la zona sur de la ciudad. Es una colonia bonita y tranquila. Es elegante también. Muchos residentes o habitantes de Coyoacán son personas famosas.

[1]hoy día *these days*
[2]mundo *world*

Nº 13376
MUSEO
Frida Kahlo
LONDRES Nº 247
COL. DEL CARMEN
COYOACAN   ADMISION: N$ 5.00
MFK

El Museo de Frida Kahlo, Coyoacán

Coyoacán, México

Después de leer

A **La Ciudad de México** Completen. (*Complete.*)

1. _____ es la ciudad más grande del mundo.
2. _____ es una colonia de la Ciudad de México.
3. Coyoacán es una colonia en la zona _____ de la ciudad.
4. Hay muchas personas _____ en Coyoacán.

B **En español, por favor.** Busquen las palabras afines en la lectura.
(*Find the following cognates in the reading.*)

1. zone   4. residents
2. tranquil, calm   5. inhabitants
3. elegant

Conexiones

LAS CIENCIAS SOCIALES

LA SOCIOLOGÍA

Sociology is the study of society in all its aspects. A society is composed of many groups. All of us belong to a number of groups. We belong to a family group, a language group, and an ethnic or racial group.

The large Spanish-speaking world is one of great diversity. There are many ethnic groups living in Spain and in Latin America. Let's take a look at some of these groups.

Caras de Latinoamérica

Grupos étnicos de Latinoamérica

En Latinoamérica hay muchos grupos étnicos. ¿Cuáles son los grupos étnicos de Latinoamérica?

Influencia africana
En la región del Caribe hay mucha influencia africana. En Puerto Rico, Cuba, la República Dominicana, Panamá y en la costa norte de la América del Sur, la influencia negra es notable. Hay mucha gente[1] de ascendencia africana. Hay también muchos mulatos. En Latinoamérica, un mulato es una persona de sangre[2] blanca y negra.

Influencia india o indígena
En México, Guatemala y la región andina—de los Andes—hay muchos indios. En Ecuador, Perú y Bolivia, hay muchos descendientes de los incas. En México y Guatemala hay muchos descendientes de los mayas. Hay también muchos mestizos. Un mestizo es una persona con una mezcla[3] de sangre india y blanca.

Criollos
¿Y quiénes son los criollos? Los criollos son los blancos nacidos[4] en las colonias—los españoles nacidos en América.

[1]gente *people*
[2]sangre *blood*
[3]mezcla *mixture*
[4]nacidos *born*

«La almendra del cacao» de Diego Rivera

Después de leer

A **En español** Busquen las palabras afines en la lectura. *(Find the cognates in the reading.)*

B **La palabra, por favor** Pareen. *(Match.)*

1. área de las Américas donde el español es la lengua oficial
2. una persona de África
3. la región de los Andes
4. los indios del Perú, Ecuador y Bolivia
5. los indios de México y Guatemala
6. una persona de sangre india y blanca
7. una persona de sangre blanca y negra

a. mestizo
b. Latinoamérica
c. mulato
d. africano
e. andina
f. descendientes de los incas
g. descendientes de los mayas

C **¿Cuáles son las palabras?** Busquen las palabras equivalentes. *(Find the equivalent words.)*

In this reading, there are two important terms that are the same in Spanish and English. The words came to English from the Spanish language. Which words are they?

Culminación

Actividades orales

A **Nosotros(as)** Work with a classmate. Together prepare a speech that you are going to present to the class. To help you organize your presentation, use the following as a guide:

▶ tell who you are
▶ tell where you're from
▶ give the name of your school
▶ describe one of your classes

B **Cursos obligatorios y opcionales** You are speaking with a student you met recently. He is from Chile and he doesn't know much about our schools. Tell him something about your school curriculum. Which courses are required and which ones are electives? Answer any questions he may have about your courses.

```
*** LICEO SALVADOREÑO ***

       INFORME   DE   NOTAS

22 - MANUEL ERNESTO MARTINEZ CORTEZ
                        PROF. RODRIGO RAMIREZ SANTOS
TERCERA AREA
                                        Nota    30%   3ra.   Nota Obs.
Nombre materia        1ra. 2da. Act. Activ. P.O.        Area  Acum.
                      Area Area 10%  40%   50%
                                              88    26.4   2.6    4.8
EDUCACION EN LA FE     0.9  1.3  10    34    44  86   25.8   2.6    5.1
LENGUAJE               1.2  1.3   9    31    46  87   26.1   2.6    4.8
ESTUDIOS SOCIALES      1.0  1.2   8    33    46  97   29.1   2.9    5.5
INGLES                 1.4  1.2  10    38    49  87   26.1   2.6    5.2
MATEMATICAS            1.2  1.4  10    37    40  83   24.9   2.5    5.2
CIENCIA,SALUD Y MEDIO A 1.3 1.4   9    38    36  95   28.5   2.9    5.3
EDUCACION ESTETICA     1.2  1.2   9    36    50 100   30.0   3.0    5.8
EDUCACION FISICA       1.4  1.4  10    40    50  86   25.8   2.6    5.1
MECANOGRAFIA           1.2  1.3  10    31    45  95   28.5   2.9    5.5
COMPUTACION            1.3  1.3   9    36    50

                                        FIRMA ENCARGADO
```

Actividad escrita

A **Una postal a una amiga** You're in Barcelona, Spain. Write a post-card to a friend at home, telling him or her about your new Spanish friends—José Luis, Nando, Alejandra, and Guadalupe.

BARCELONA

Writing Strategy

Keeping a journal

*T*here are many kinds of journals you can keep, each having a different purpose. One type of journal is the kind in which you write about daily events and record your thoughts and impressions about these events. It's almost like "thinking out loud." By keeping such a journal, you may find that you discover something new that you were not aware of.

Clases y profesores

You've been in school for about a month. You've had a chance to get to know what your courses are like and to become familiar with your teachers. Create a journal entry in which you write about your classes and your teachers. Try to write about your classes—the days and times of each, whether there are many or few students, whether the class is big or small, what the class is like, who the teacher is, and what he or she is like. When you have finished, reread your journal entry. Did you discover anything about your courses or your teachers that you hadn't thought of before?

Vocabulario

IDENTIFYING A PERSON OR THING

el profesor
la profesora
la clase
el curso

IDENTIFYING SCHOOL SUBJECTS

las ciencias
    la biología
    la química
    la física
las matemáticas
    la aritmética
    el álgebra
    la geometría
    el cálculo
las ciencias sociales
    la historia
    la geografía

las lenguas
    el inglés
    el español
    el francés
    el alemán
    el latín
otras asignaturas o disciplinas
    la educación física
    la música
    el arte
    la economía doméstica
    la informática

DESCRIBING TEACHERS AND COURSES

inteligente
interesante
aburrido(a)
pequeño(a)
grande

fácil
difícil, duro(a)
popular
obligatorio(a)

IDENTIFYING OTHER NATIONALITIES

argentino(a)
dominicano(a)

ecuatoriano(a)
panameño(a)

FINDING OUT INFORMATION

¿quiénes?
¿cuántos(as)?

AGREEING AND DISAGREEING

sí, también
no, de ninguna manera

OTHER USEFUL EXPRESSIONS

hay
mucho
poco

mismo(a)
todos(as)

TECNOTUR

VIDEO

¡Buen viaje!

EPISODIO 2 ▸ Alumnos y cursos

En la escuela de Isabel y Luis

Isabel y Luis con Cristina

CD-ROM

Expansión cultural

El inglés es una lengua muy importante y popular en el mundo hispano.

inter*NET*
CONNECTION

In this video episode Cristina attends Isabel's English class at her school in Mexico City. Like the students in the video, Cristina had to learn English when her family emigrated from Colombia to Los Angeles. To find out more about American cities like Los Angeles with large Spanish-speaking populations and Hispanic origins, go to the **Capítulo 2** Internet activity at the **Glencoe Foreign Language** Web site:

http://www.glencoe.com/sec/fl

CAPÍTULO 3

Las compras para la escuela

Objetivos

In this chapter you will learn to do the following:

- ❧ identify and describe school supplies
- ❧ identify and describe articles of clothing
- ❧ shop for school supplies and clothing
- ❧ state color and size preferences
- ❧ speak to people formally and informally
- ❧ discuss differences between schools in the United States and in Spanish-speaking countries

Vocabulario

Los materiales escolares

un cuaderno, un bloc

la mochila

una carpeta

un libro

una calculadora

un marcador

un bolígrafo, una pluma

un disquete

una hoja de papel

una goma de borrar

un lápiz,
dos lápices

En la papelería

Alejandro necesita materiales escolares.
Busca un cuaderno en la papelería.

Alejandro mira un cuaderno.
Mira un bolígrafo también.

¿El cuaderno?
¿Cuánto es, por favor?

Noventa pesos.

la dependienta,
la empleada

Alejandro habla con la dependienta.

la caja

Alejandro compra el cuaderno.
El cuaderno cuesta noventa pesos.
Alejandro paga noventa pesos.
Paga en la caja.

Alejandro lleva los materiales escolares
en una mochila.

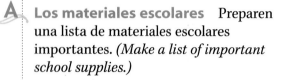
Práctica

A **Los materiales escolares** Preparen una lista de materiales escolares importantes. *(Make a list of important school supplies.)*

B **HISTORIETA** En la papelería

Contesten. *(Answer.)*

1. ¿Necesita la muchacha materiales escolares?
2. ¿Busca los materiales escolares en la papelería?
3. ¿Mira ella un bolígrafo?
4. ¿Habla con el dependiente?
5. ¿Compra el bolígrafo?
6. ¿Paga en la caja?

Santiago de Chile

C **HISTORIETA** De compras

Escojan. *(Choose.)*

1. Diego _____ materiales escolares.
   a. paga   **b.** habla   **c.** necesita
2. Él _____ un bolígrafo y un cuaderno.
   a. mira   **b.** cuesta   **c.** habla
3. Diego _____ con el empleado.
   a. paga   **b.** habla   **c.** mira
4. Él necesita _____ para la computadora.
   a. un disquete   **b.** un bloc   **c.** un lápiz
5. Diego _____ en la caja.
   a. paga   **b.** compra   **c.** lleva
6. Él _____ los materiales escolares en una mochila.
   a. compra   **b.** mira   **c.** lleva

D HISTORIETA Una calculadora, por favor.

Contesten. *(Answer.)*

Málaga, España

1. ¿Con quién habla Casandra en la papelería?

2. ¿Qué necesita ella?

3. ¿Qué busca?

4. ¿Compra la calculadora?

5. ¿Cuánto cuesta la calculadora?

6. ¿Dónde paga Casandra?

Actividades comunicativas

A **En la papelería** Work with a classmate. You're buying the school supplies below. Take turns being the customer and the salesperson.

10 pesos

18 pesos

45 pesos

99 pesos

4 pesos

JUEGO **¿Qué es?** Play a guessing game. Your partner will hide a school supply behind his or her back. Guess what he or she is hiding. Take turns.

Vocabulario

La ropa

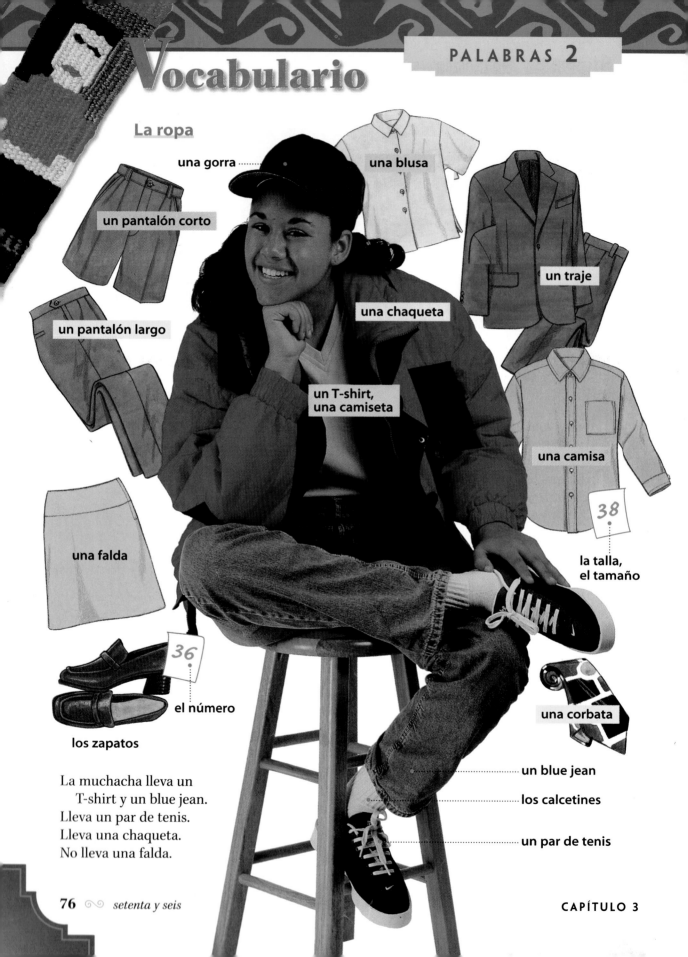

una gorra

una blusa

un pantalón corto

un traje

una chaqueta

un pantalón largo

un T-shirt,
una camiseta

una camisa

38

la talla,
el tamaño

una falda

36

el número

una corbata

los zapatos

un blue jean

los calcetines

un par de tenis

La muchacha lleva un
   T-shirt y un blue jean.
Lleva un par de tenis.
Lleva una chaqueta.
No lleva una falda.

¿Qué desea Ud.?

Una blusa, por favor.

Sí, señorita. ¿Qué talla usa Ud.?

Treinta y cuatro.

¿Qué número usa (calza) Ud.?

Treinta y ocho.

Gloria habla con la dependienta.
La dependienta trabaja en la tienda de ropa.

Rubén compra un par de zapatos.
Él habla con el dependiente.

La camisa cuesta mucho.
Es muy cara.

1.200 pesos

35 pesos

La gorra no cuesta mucho.
Cuesta poco.
Es bastante barata.

¿Lo sabes?

Ciento is shortened to cien before any word that is not a number: cien pesos, ciento ochenta pesos.

Los colores

¿De qué color es?

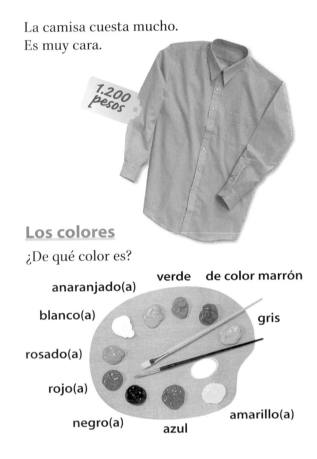

anaranjado(a)

verde   de color marrón

blanco(a)

gris

rosado(a)

rojo(a)

negro(a)   azul   amarillo(a)

Más números

100	ciento, cien	**600**	seiscientos
200	doscientos	**700**	setecientos
300	trescientos	**800**	ochocientos
400	cuatrocientos	**900**	novecientos
500	quinientos	**1000**	mil

150	ciento cincuenta
790	setecientos noventa
1800	mil ochocientos

VOCABULARIO

setenta y siete ❧ **77**

⊰Práctica⊱

A ¿Qué es? Identifiquen. *(Identify.)*

1.
2.
3.
4.
5.
6.

Miraflores, Lima, Perú

B HISTORIETA En la tienda de ropa

Contesten según se indica.
(Answer according to the cues.)

1. ¿Con quién habla Eugenio?
   (con el dependiente)
2. ¿Dónde trabaja el dependiente?
   (en la tienda de ropa)
3. ¿Qué necesita Eugenio?
   (un T-shirt)
4. ¿Qué talla usa? (treinta y ocho)
5. ¿De qué color es el T-shirt?
   (blanco)
6. ¿Cuánto es? (cinco pesos)
7. ¿Cuesta mucho? (no, poco)
8. ¿Es caro? (no, barato)
9. ¿Compra Eugenio el T-shirt? (sí)
10. ¿Dónde paga? (en la caja)

C ¿De qué color es? Completen con el color. *(Complete with the color.)*

1. Tomás compra
   un pantalón _____.
2. Ana compra una
   blusa _____.
3. Emilio compra
   una camisa _____.

4. Paco compra una
   gorra _____.
5. Adriana compra una
   falda _____.
6. César compra zapatos
   de color _____.

Actividades comunicativas

A **¿Qué es?**   With a classmate, take turns asking each other what each of the following items is. Then ask questions about each one. Find out how much it costs and tell what you think about the price. Is it a real bargain—**¿una ganga?**

1.

2.

3.

4.

5.

B **¿Quién es?**   Work in small groups. One person tells what someone in the class is wearing. The others have to guess who it is. If several people are wearing the same thing, you will have to give more details.

C **En la tienda de ropa**   With a classmate, look at the photograph. Ask one another questions about it. Answer each other's questions. Then work together to make up sentences about the photograph. Put the sentences in logical order to form a paragraph.

JUEGO **¿Cuál es el número?**   Give some numbers in a mathematical pattern but leave one out. Your partner will try to figure out what the missing number is. Take turns. You can use the model as a guide.

doscientos, cuatrocientos, _____, ochocientos

seiscientos

Estructura

Telling what people do
Presente de los verbos en -ar en el singular

1. All verbs, or action words, in Spanish belong to a family, or conjugation. Verbs whose infinitive ends in -**ar** (**hablar:** *to speak,* **comprar:** *to buy*) are called first conjugation verbs.

necesitar	comprar
buscar	hablar
mirar	pagar

2. Spanish verbs change their endings according to the subject. Study the following forms.

INFINITIVE	hablar	comprar	mirar	
STEM	habl-	compr-	mir-	ENDINGS
yo	hablo	compro	miro	-o
tú	hablas	compras	miras	-as
él	habla	compra	mira	-a
ella	habla	compra	mira	-a

¿Te acuerdas?

To make a sentence negative, put **no** in front of the verb.
Hablo español.
No hablo francés.
Necesita una hoja de papel.
No necesita una pluma.

3. Since the ending of the verb in Spanish indicates who performs the action, the subjects (**yo, tú, él, ella**) are often omitted.

Hablo español.   Hablas español.   Habla español.

Use -**o** when you talk about yourself.   Use -**as** when you talk to a friend.   Use -**a** when you talk about someone.

·Práctica·

A HISTORIETA En la papelería

Contesten. *(Answer.)*

1. ¿Necesita Andrea materiales escolares?
2. ¿Busca ella un bolígrafo?
3. ¿Compra un bolígrafo en la papelería?
4. ¿Habla ella con la empleada?
5. ¿Paga ella en la caja?
6. ¿Lleva los materiales escolares en una mochila?

Una papelería, Caracas, Venezuela

B HISTORIETA Llevo un blue jean.

Contesten personalmente. *(Answer these questions about yourself.)*

1. ¿Llevas un blue jean?
2. ¿Necesitas un nuevo blue jean?
3. ¿Compras el blue jean en una tienda de ropa?
4. ¿Con quién hablas en la tienda?
5. ¿Qué talla usas?
6. ¿Dónde pagas?
7. ¿Pagas mucho?
8. ¿Cuánto pagas?

C HISTORIETA Necesito un par de tenis, por favor.

Contesten según se indica.
(Answer according to the cues.)

1. ¿Qué necesitas? (un par de tenis)
2. ¿Dónde buscas los tenis? (en la tienda González)
3. ¿Qué número usas? (treinta y seis)
4. ¿Miras un par de tenis? (sí)
5. ¿Compras los tenis? (sí)
6. ¿Cuánto pagas? (quinientos pesos)
7. ¿Dónde pagas? (en la caja)

CONVERSION DE TALLAS

Ropa de señora — Vestidos y abrigos						
Estados Unidos	6	8	10	12	14	16
España	36	38	40	42	44	46
Sudamérica	34	36	38	40	42	44
Ropa de señora — Blusas y jersey						
Estados Unidos	30	32	34	36	38	40
España	38	40	42	44	46	48
Sudamérica	38	40	42	44	46	48
Ropa de caballeros — Trajes						
Estados Unidos	34	36	38	40	42	44
España	44	46	48	50	52	54
Sudamérica	44	46	48	50	52	54
Calzado — señoras						
Estados Unidos	4	5	6	7	8	9
España	34/35	35/36	36/37	38/39	39/40	41/42
Sudamérica	2	3	4	5	6	7
Calzado — caballeros						
Estados Unidos	8	8½	9	9½	10	10½
España	41	42	43	43	44	45
Sudamérica	6	6½	7	7½	8	8½

D Perdón, ¿qué necesitas? Sigan el modelo. *(Follow the model.)*

Necesito un bolígrafo.   Perdón, ¿qué necesitas?

1. Necesito una hoja de papel.
2. Busco una goma de borrar.
3. Compro un disquete.
4. Llevo una mochila.

E HISTORIETA En la tienda de ropa

Completen. *(Complete.)*

Casandra _____ (necesitar) una blusa. Ella _____ (buscar) una blusa
   1   2
verde. En la tienda de ropa Casandra _____ (hablar) con una amiga.
                                        3

—Casandra, ¿qué _____ (buscar)?
                    4

—Yo _____ (buscar) una blusa.
       5

—¿_____ (Necesitar) un color especial?
     6

—Sí, verde.

—¿Qué talla _____ (usar)?
                7

—Treinta y seis.

—¿Por qué no _____ (hablar) con la
                  8
dependienta?

—¡Buena idea!

Casandra _____ (hablar) con la
            9
dependienta. Ella _____ (mirar) varias
                     10
blusas verdes. Casandra _____ (comprar)
                           11
una blusa que es muy bonita. Ella _____
                                    12
(pagar) en la caja.

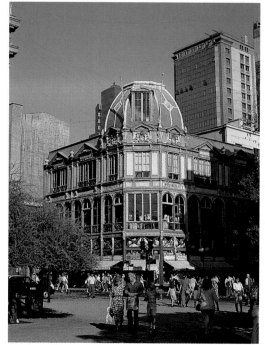

Santiago, Chile

Actividades comunicativas

A ¿Trabajas o no?   Find out from a classmate whether he or she
works. Try to find out where and when. Tell the class about your
friend's work.

B ¿Qué necesitas?   You're talking on the phone with a good friend.
The new school year **(la apertura de clases)** is about to begin. You
need lots of things. Have a conversation with your friend.
You may want to use some of the following
words and expressions.

la papelería ropa necesitar ¿de qué color?
la tienda de ropa materiales escolares comprar ¿qué talla? ¿cuánto cuesta?

Talking formally and informally
Tú o Ud.

1. In Spanish, there are two ways to say "you." You can use **tú** when talking to a friend, to a person your own age, or to a family member. **Tú** is called the informal or familiar form of address.

> **José, ¿hablas español?**
> **Carolina, ¿qué necesitas?**

2. You use **usted** when talking to an older person, a person you do not know very well, or anyone to whom you wish to show respect. The **usted** form of address is polite, or formal. **Usted** is usually abbreviated **Ud. Ud.** takes the same verb ending as **él** or **ella.**

> **Señor, ¿habla Ud. inglés?**
> **Señora, Ud. trabaja en la papelería, ¿no?**

Práctica

A **¿Tú o Ud.?** Pregunten. *(Ask the following people what they need and what they are looking for. Use tú or Ud. as appropriate.)*

1.
2.
3.
4.
5.

B **Claudia y el señor** Sigan el modelo.
(Follow the model.)

> **Necesito una hoja de papel.**
> **Y tú, Claudia, ¿qué necesitas?**
> **¿Y qué necesita Ud., señor?**

1. Necesito un cuaderno.
2. Busco una goma de borrar.
3. Compro una camisa.
4. Hablo español.

ESTRUCTURA

En la tienda de ropa

EMPLEADA:	Sí, señor. ¿Qué desea Ud.?
CLIENTE:	Necesito una camisa.
EMPLEADA:	Una camisa. ¿De qué color, señor?
CLIENTE:	Una camisa blanca.
EMPLEADA:	De acuerdo. ¿Qué talla usa Ud.?
CLIENTE:	Treinta y seis.
	(After looking at some shirts)
CLIENTE:	¿Cuánto es, por favor?
EMPLEADA:	Ciento cincuenta pesos.
CLIENTE:	Bien. ¿Pago aquí o en la caja?
EMPLEADA:	En la caja, por favor.

Después de conversar

Contesten. *(Answer.)*

1. ¿Con quién habla el cliente?
2. ¿Qué necesita?
3. ¿Qué talla usa?
4. ¿Mira el señor una camisa?
5. ¿Cuánto es la camisa?
6. ¿Compra el señor la camisa?
7. ¿Dónde paga?

Actividades comunicativas

A **Para la apertura de clases** Ask a classmate what school supplies he or she needs at the beginning of the new school year and where he or she usually **(generalmente)** buys them. Then tell the class what you find out.

B **En las tiendas** Work with a classmate. Take turns playing the roles of the salesperson and the customer in the following situations.

▶ **En la papelería** You want to buy two pens—preferably red ones—, a notebook, and a calculator.

▶ **En la tienda de ropa** You want to buy a blue shirt for your friend. They have his size, but only in white.

▶ **En la zapatería** You need a pair of brown shoes. The ones the salesperson shows you are expensive.

JUEGO **¿Qué lleva?** Have one student leave the room while the others choose a classmate to describe. The student who left comes back in and has to guess which classmate the others have chosen by asking questions about his or her clothes. Use the model as a guide.

¿Lleva un blue jean azul y una camiseta roja?
No.
¿Lleva un par de tenis negros?
Sí.
¡Es Tomás!

PRONUNCIACIÓN

Las consonantes l, f, p, m, n

The pronunciation of the consonants **l, f, p, m,** and **n** is very similar in both Spanish and English. However, the **p** is not followed by a puff of breath as it often is in English. Repeat the following sentences.

Lolita es linda y elegante.
La falda de Felisa no es fea.
Paco es una persona popular.
La muchacha mexicana mira una goma.
Nando necesita un cuaderno nuevo.

Lecturas CULTURALES

Reading Strategy

Using pictures and photographs
Before you begin to read, look at pictures, photographs, or any other visuals that accompany a reading. By doing this, you can often tell what the reading selection is about before you actually read it.

UN ALUMNO MADRILEÑO

Julio Torres es de Madrid. Él es alumno en el Liceo Joaquín Turina en Madrid. Un liceo o colegio es una escuela secundaria en España. En Madrid, la apertura de clases[1] es a fines de[2] septiembre. Julio necesita muchas cosas para la apertura de clases. Necesita materiales escolares. En una papelería compra un libro, un bolígrafo, tres lápices y varios cuadernos. Compra también un disquete para la computadora.

Pero Julio no necesita ropa nueva para la escuela. ¿Por qué? Porque Julio no lleva un blue jean o una camiseta a la escuela. Él lleva un uniforme. Es obligatorio llevar uniforme a la escuela. Un muchacho lleva un pantalón negro y una camisa blanca. En algunas[3] escuelas es necesario llevar chaqueta y corbata también. Una muchacha lleva una falda y una blusa. Y a veces[4] es necesario llevar una chaqueta. ¿Qué opinas? ¿Es una buena idea llevar uniforme a la escuela?

[1]apertura de clases *opening of school*
[2]a fines de *at the end of*
[3]algunas *some*
[4]a veces *sometimes*

Después de leer

A Un alumno madrileño   Contesten. *(Answer.)*

1. ¿De dónde es Julio Torres?

2. ¿En qué escuela es alumno?

3. ¿Cuándo es la apertura de clases en Madrid?

4. ¿Qué necesita Julio para la apertura de clases?

5. ¿Dónde compra las cosas que necesita?

6. ¿Necesita Julio ropa nueva para la escuela?

7. ¿Qué lleva él a la escuela?

8. ¿Qué lleva una muchacha a la escuela?

B Julio Torres   Busquen la información en la lectura. *(Find the information in the reading.)*

1. de dónde es Julio Torres

2. la escuela de Julio

3. cuándo es la apertura de clases en Madrid

4. las cosas que compra Julio

5. lo que es obligatorio llevar a la escuela

6. lo que Julio no lleva a la escuela

7. el uniforme típico de un muchacho

8. el uniforme típico de una muchacha

Colegio de Nuestra Señora de la Consolación, Madrid

C Discusión   ¿Qué opinas? *(What is your opinion?)*

¿Es una buena idea llevar uniforme a la escuela?

El Retiro, Madrid

LA ROPA INDÍGENA

La ropa que lleva la población india o indígena de Latinoamérica es muy interesante y muy bonita.

En Guatemala, por ejemplo, la ropa cambia o varía de un pueblo[1] a otro. El traje que lleva una señora de Santiago de Atitlán no es el mismo traje que lleva una señora de Chichicastenango.

La india de Guatemala no lleva sombrero. Pero la india del Perú, sí. Ella lleva sombrero.

La india del famoso pueblo de Otavalo en el Ecuador lleva dos faldas de lana[2] oscura con una blusa muy brillante. El señor otavaleño lleva un pantalón blanco, una camisa blanca y un poncho azul.

[1]pueblo *town*   [2]lana *wool*

Después de leer

A **La ropa indígena**
Identifiquen. *(Identify.)*

There are some articles of clothing that retain their Spanish names in English. Look at the photographs to find out what they are.

huaraches

sarape

poncho

UN DISEÑADOR FAMOSO

El famoso diseñador de ropa Oscar de la Renta es de Santo Domingo, la capital de la República Dominicana. Los estilos de de la Renta son muy elegantes y lujosos. Los trajes de gala de de la Renta son muy caros. La fama de Oscar de la Renta es mundial[1].

Oscar de la Renta es también una persona muy buena y muy humana. En la República Dominicana, de la Renta funda un orfanato[2] y un tipo de «Boys' Town». El «Boys' Town» es para niños desamparados[3]. Funda también una escuela especial para sordos[4].

[1]mundial *worldwide*
[2]orfanato *orphanage*
[3]niños desamparados *homeless children*
[4]sordos *deaf people*

Después de leer

A **En español, por favor.**   Busquen las palabras afines en la lectura. *(Look for the cognates in the reading.)*

B **Oscar de la Renta**   Contesten. *(Answer.)*
1. ¿De dónde es Oscar de la Renta?
2. ¿Por qué es él un hombre (señor) muy famoso?

Conexiones

LA TECNOLOGÍA

LA COMPUTADORA

Some years ago computers began to revolutionize the way people conduct their lives. They have changed the way we view the world and, in reality, they've changed the world. Computers have a place in our homes, in our schools, and in our world of business. If you are interested in computers, you may want to familiarize yourself with some basic computer vocabulary in Spanish. Then read the information about computers on the next page.

la pantalla, el monitor

la computadora, el ordenador

el teclado

el ratón

un disco compacto

un disquete

la impresora

Conecta la computadora y ¡a trabajar!

Una computadora procesa datos. El hardware es la computadora y todo el equipo[1] conectado con la computadora. El software son los programas de la computadora. Un programa es un grupo o conjunto de instrucciones.

La computadora almacena[2] datos. Envía o transmite los datos a un disco. La computadora calcula, compara y copia datos. Pero la computadora no piensa[3]. El operador o la operadora de la computadora entra las instrucciones y la computadora procesa la información.

El módem adapta una terminal a una línea telefónica para transmitir información por todo el mundo[4].

El Internet—¡Conecta al mundo!

Con el Internet hay acceso al mundo entero. Hay información sobre la historia, la economía, el arte, la música y muchas otras áreas de interés. Cuando navegas por la red[5], es posible conectar con los centros de noticias. Es posible enviar correo[6] electrónico y conversar con amigos en otras partes del mundo. Y hay la posibilidad de crear una página Web. Sí, ¡el mundo entero en una pantalla!

[1]equipo *equipment*
[2]almacena *stores*
[3]piensa *think*
[4]mundo *world*
[5]red *Net*
[6]correo *mail*

◄ Después de leer ►

A **En español, por favor.** Busquen las palabras en la lectura. *(Find the following words in the reading.)*

1. hardware
2. software
3. program
4. data
5. terminal
6. surf the Net
7. Web page
8. e-mail (electronic mail)
9. to process information
10. access
11. computer operator

B **Una página Web** Look at the monitor on page 90. If you have access to the Internet either at home or at school, go to www.glencoe.com/sec/fl **¡a practicar el español!**

Una oficina, Caracas, Venezuela

Culminación

Actividades orales

A **¿Qué necesitas y cuánto es?** With a classmate, take turns playing the parts of a student and a salesperson in a stationery store. Tell the salesperson what school supplies you need. The salesperson will tell you how much money you need.

B **Regalos** You have just spent a few weeks in Spain and want to buy some gifts for several friends. Make a list of what you want to buy. Go to the different stores to buy the items you want. With a classmate, take turns being the customer and salesperson at the stores where you are purchasing the items on your list.

C **En la papelería** With a classmate, look at the illustrations. Take turns asking and answering questions about each illustration.

Actividad escrita

A **La apertura de clases** You have received a letter from a pen pal in Salamanca, Spain. Write back to her in Spanish. She wants to know all about you. She also wants to know when school starts and what you wear to school. Give her as much information as you can.

Salamanca, España

Preparing for an interview

An interview is one way to gather information for a story or a report. A good interviewer should prepare questions ahead of time. In preparing the questions, think about what you hope to learn from the interview. The best interview questions are open ended. Open-ended questions cannot be answered with "yes" or "no." They give the person being interviewed more opportunity to "open up" and speak freely.

¿De dónde?
¿Cuánto? ¿Cómo?
¿Quién? ¿Dónde?
¿Qué?

Guadalupe Álvaro

It is the beginning of a new school year. Your first assignment for the school newspaper is to write an article about a new exchange student, Guadalupe Álvaro. Guadalupe is from Salamanca, Spain.

You decide to interview Guadalupe before writing your article. To prepare for the interview, write down as many questions as you can. Ask her about her personal life, school life in her country, her friends, etc.

After you have prepared your questions, conduct the interview with a partner who plays the role of Guadalupe. Write down your partner's answers to your questions. Then organize your notes and write your article.

Vocabulario

IDENTIFYING SCHOOL SUPPLIES

los materiales escolares	el cuaderno, el bloc
la mochila	la carpeta
el lápiz, los lápices	el libro
el bolígrafo, la pluma	la hoja de papel
el marcador	la calculadora
la goma de borrar	el disquete

IDENTIFYING ARTICLES OF CLOTHING

la ropa	la blusa
el pantalón	la chaqueta
la camisa	el traje
la corbata	la gorra
el T-shirt, la camiseta	los calcetines
el blue jean, los blue jeans	los zapatos
la falda	los tenis, un par de tenis

DESCRIBING CLOTHES

largo(a)	corto(a)

IDENTIFYING COLORS

¿De qué color es?	anaranjado(a)
blanco(a)	rojo(a)
negro(a)	rosado(a)
gris	verde
azul	de color marrón
amarillo(a)	

IDENTIFYING SOME TYPES OF STORES

la papelería	la tienda de ropa

SHOPPING

el/la dependiente(a)	necesitar
el/la empleado(a)	buscar
la caja	mirar
la talla, el tamaño	comprar
el número	pagar
barato(a)	usar, calzar
caro(a)	llevar
mucho	hablar
poco	trabajar

OTHER USEFUL EXPRESSIONS

¿Qué desea Ud.?	¿Cuánto es?, ¿Cuánto cuesta?

TECNOTUR

¡Buen viaje!

EPISODIO 3 ▶ Las compras para la escuela

Teresa compra un cuaderno y un lápiz para Pilar.

En la tienda, Teresa busca ropa nueva.

CD-ROM

Expansión cultural

Hay muchas tiendas elegantes en la calle Serrano, Madrid.

interNET CONNECTION

In this video episode Teresa and Pilar go shopping for school clothes in Madrid. To find out what Hispanic teens are wearing this year, go to the **Capítulo 3** Internet activity at the **Glencoe Foreign Language** Web site:

http://www.glencoe.com/sec/fl

CAPÍTULO 4

En la escuela

Objetivos

In this chapter you will learn to do the following:

- ∾ talk about going to school
- ∾ talk about some school activities
- ∾ greet people and ask how they feel
- ∾ tell how you feel
- ∾ describe where you and others go
- ∾ describe where you and others are
- ∾ discuss some differences between schools in the United States and schools in Spanish-speaking countries

Vocabulario

Llegar a la escuela

a pie

en el bus escolar

en carro, en coche

Los alumnos llegan a la escuela.
¿Cuándo llegan a la escuela?
¿A qué hora llegan?
Llegan a eso de las ocho menos cuarto.
No llegan a las ocho menos cuarto en punto.
Algunos van a la escuela a pie.
Algunos van en carro.
Otros toman el bus escolar.

En la escuela

entrar en la escuela

Los alumnos entran en la escuela.

Los alumnos están en la sala de clase.
Los alumnos estudian.
La profesora enseña.

la sala de clase,
el salón de clase

A HISTORIETA ¡A la escuela!

Contesten. *(Answer.)*

1. ¿Llegan los alumnos a la escuela?
   ¿Adónde llegan los alumnos?
   ¿Quiénes llegan a la escuela?
2. ¿Llegan a la escuela a eso de
   las ocho menos cuarto?
   ¿Cuándo llegan a la escuela?
   ¿A qué hora llegan a la escuela?
3. ¿Van algunos alumnos a la escuela a pie?
   ¿Cómo van a la escuela?
   ¿Adónde van a pie?
4. ¿Toman otros alumnos el bus escolar?
   ¿Qué toman?
   ¿Adónde toman el bus escolar?
   ¿Cómo llegan ellos a la escuela?

Colegio San José, Estepona, España

Autobuses escolares, Málaga, España

B HISTORIETA En la escuela

Contesten según se indica.
(Answer according to the cues.)

1. ¿Dónde están los alumnos? (en clase)
2. ¿Quiénes estudian? (los alumnos)
3. ¿Estudian mucho? (sí)
4. ¿Quién no estudia? (la profesora)
5. ¿Quién enseña? (la profesora)

Una clase, San Miguel de Allende, México

C   HISTORIETA   ¡A la escuela, todos!

Completen. *(Complete.)*

Los alumnos ____ a la escuela.
Llegan a eso de las ____ menos
cuarto—a las ocho menos veinte
o a las ocho menos trece. No ____
a las ocho menos cuarto en punto.
Algunos van a la escuela a ____.
Algunos ____ en carro. Y otros
____ el bus escolar.

Una clase, Santurce, Puerto Rico

Los alumnos entran en la ____ de clase a eso de las ocho. Cuando
entran en la clase, hablan con el ____. Los alumnos ____ mucho
en la escuela. Pero el profesor no ____; él ____.

❧ Actividad comunicativa ❧

A   **Entrevista**   Work with a class-
mate. Pretend you are on the staff
of your school newspaper and
have been assigned to interview a
Mexican exchange student about a
school day in his or her hometown.
Interview him or her.

Salón de clase, San Miguel de Allende, México

Vocabulario

En la clase

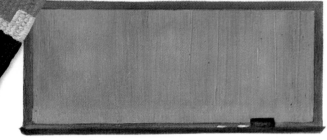

la pizarra, el pizarrón

un examen

una nota buena,
una nota alta

una nota mala,
una nota baja

Los alumnos miran la pizarra.
Miran al profesor también.

El profesor habla.
El profesor explica la lección.
Los alumnos escuchan al profesor.
Prestan atención.
Cuando el profesor habla,
    los alumnos escuchan.

Los alumnos toman apuntes.

escuchar

hablar

el lunes - examen

Ahora la profesora da un examen.
Los alumnos toman el examen.

Elena saca una nota buena.

La fiesta del Club de español

bailar

cantar

una merienda

un casete

un disco compacto

El Club de español da una fiesta.
Muchos alumnos van a la fiesta.
Escuchan discos compactos y casetes.
Los miembros del club bailan y cantan.
Toman una merienda también.

Más números

1000	mil	1200	mil doscientos
2000	dos mil	1492	mil cuatrocientos noventa y dos
2002	dos mil dos	1814	mil ochocientos catorce
2500	dos mil quinientos	1898	mil ochocientos noventa y ocho
3000	tres mil	1,000,000	un millón
3015	tres mil quince	2,000,000	dos millones
3650	tres mil seiscientos cincuenta		

❖Práctica❖

A HISTORIETA En clase

Contesten. *(Answer.)*

Colegio San José, Estepona, España

1. ¿Miran los alumnos la pizarra?
2. ¿Habla la profesora?
3. ¿Escuchan los alumnos?
4. ¿Prestan atención cuando la profesora habla?
5. ¿Toman los alumnos apuntes en un cuaderno?
6. ¿Estudian mucho los alumnos?
7. ¿Trabajan ellos mucho?
8. ¿Da la profesora un examen?
9. ¿Toman los alumnos el examen?
10. ¿Sacan notas buenas o malas en el examen?

B HISTORIETA La escuela

Completen. *(Complete.)*

Los alumnos llegan a la escuela y luego van a _____. Los alumnos _____ mucho en la escuela y los profesores _____. Los alumnos toman _____ en un cuaderno. Cuando el profesor habla, los alumnos _____ atención. El profesor da un _____ y los alumnos toman el _____. Algunos alumnos sacan notas _____ y otros sacan notas _____. Una nota buena es una nota _____ y una nota mala es una nota _____.

C HISTORIETA El Club de español

Contesten según la foto.
(Answer according to the photo.)

1. ¿Da una fiesta el Club de español?
2. ¿Van muchos alumnos a la fiesta?
3. ¿Bailan en la fiesta?
4. ¿Cantan también?
5. ¿Preparan los miembros del club una merienda?
6. ¿Toman una merienda?

A **En clase**   With a classmate, look at the illustration. Take turns saying as much as you can about it.

B **¿Es importante el año?**   Think of a year that has some significance. Say the year in Spanish for your partner, who will write it down. Tell him or her whether the number is correct. Have your partner tell you (in English, if necessary) why that year is important. Take turns.

«Tres músicos» de Pablo Picasso

Ministerio de Cultura
Museo Nacional del Prado

ORGANISMO AUTONO
MUSEO NACIONAL DEL PR

Port. MURILLO

Serie P № 808805

Entrada 400 pesetas

Estructura

Talking about things people do
Presente de los verbos en **-ar** en el plural

1. You have already learned the singular forms of regular **-ar** verbs. Now study the plural forms.

INFINITIVE	hablar	estudiar	tomar	
STEM	habl-	estudi-	tom-	ENDINGS
nosotros(as)	hablamos	estudiamos	tomamos	-amos
ellos, ellas, Uds.	hablan	estudian	toman	-an

2.

> Hablamos español.

> José y Casandra estudian mucho.

When you talk about yourself and someone else, you say **-amos.**

When you talk about two or more people, you say **-an.**

3. In most parts of the Spanish-speaking world, except for some regions of Spain, there is no difference between formal and informal address in the plural.

> Uds. toman muchos apuntes.

When speaking to more than one person, you use the **ustedes** form of the verb. Note that **Uds.** is an abbreviation of **ustedes.**

¿Lo sabes?

Vosotros(as) is a familiar form used in much of Spain. **¿Cantáis y bailáis en la fiesta?**

5. Now review all the forms of the present tense of the regular **-ar** verbs.

INFINITIVE	hablar	estudiar	tomar	
STEM	habl-	estudi-	tom-	ENDINGS
yo	hablo	estudio	tomo	-o
tú	hablas	estudias	tomas	-as
él, ella, Ud.	habla	estudia	toma	-a
nosotros(as)	hablamos	estudiamos	tomamos	-amos
vosotros(as)	habláis	estudiáis	tomáis	-áis
ellos, ellas, Uds.	hablan	estudian	toman	-an

A HISTORIETA En la escuela

Sigan el modelo.
(Follow the model.)

> **llegar**
> **Los alumnos llegan.**

1. llegar a la escuela a las ocho
2. llevar los materiales escolares en una mochila
3. entrar en la sala de clase
4. hablar con el profesor
5. prestar atención
6. tomar apuntes
7. estudiar mucho
8. sacar notas buenas

El Viejo San Juan, Puerto Rico

B HISTORIETA ¿Y Uds.?

Contesten personalmente. *(Answer about yourself and a friend.)*

1. ¿A qué hora llegan Uds. a la escuela?
2. ¿Toman Uds. el bus escolar a la escuela?
3. ¿Estudian Uds. mucho?
4. ¿Toman Uds. un curso de español?
5. ¿Hablan Uds. mucho en la clase de español?
6. ¿Escuchan Uds. al profesor cuando habla?
7. ¿Miran Uds. un video?
8. ¿Escuchan Uds. casetes?

C Sí, estudiamos. Sigan el modelo. *(Follow the model.)*

> **Uds. necesitan estudiar.**

> **Pero, estudiamos.**

1. Uds. necesitan estudiar mucho.

2. Uds. necesitan mirar el video.

3. Uds. necesitan escuchar los casetes.

4. Uds. necesitan trabajar.

5. Uds. necesitan prestar atención.

6. Uds. necesitan escuchar al profesor cuando habla.

D HISTORIETA En un colegio del Perú

Completen. *(Complete.)*

Emilio ____₁ (ser) un muchacho peruano. Él ____₂ (estudiar) en un colegio en Lima. Los amigos de Emilio ____₃ (llevar) uniforme a la escuela. Uno de los amigos de Emilio ____₄ (hablar):

—Sí, todos nosotros ____₅ (llevar) uniforme a la escuela. ____₆ (Llevar) un pantalón negro, una camisa blanca y una corbata negra. ¿____₇ (Llevar) Uds. uniforme a la escuela en los Estados Unidos?

Los amigos de Emilio ____₈ (tomar) muchos cursos. Y Emilio también ____₉ (tomar) muchos cursos. Algunos cursos ____₁₀ (ser) fáciles y otros ____₁₁ (ser) difíciles. Los amigos de Emilio ____₁₂ (hablar):

—Nosotros ____₁₃ (tomar) nueve cursos. En algunos cursos nosotros ____₁₄ (sacar) notas muy buenas y en otros ____₁₅ (sacar) notas bajas—. Un amigo ____₁₆ (preguntar):

—¡Oye, Emilio! ¿En qué cursos ____₁₇ (sacar) tú notas buenas y en qué cursos ____₁₈ (sacar) tú notas malas?

Emilio ____₁₉ (contestar):

—Cuando yo ____₂₀ (trabajar) y ____₂₁ (estudiar) yo ____₂₂ (sacar) notas buenas en todos los cursos.

Plaza de Armas, Lima, Perú

Actividades comunicativas

A Una clase Ask a classmate about one of his or her classes. Then he or she will ask you about one of your classes. The following are some words or expressions you may want to use.

aburrido · grande · profesor · ¿quién? · hablar · enseñar · interesante · ¿cómo? · escuchar · tomar · pequeño · exámenes · ¿a qué hora? · mirar · apuntes · prestar

B Un día típico With a classmate look at the illustrations. Take turns talking about them.

C ¿Cuándo? ¿En clase, después de las clases o en una fiesta? Work with a classmate. He or she will suggest an activity. You will tell where or when you and your friends typically take part in the activity. Take turns.

Describing people's activities
Presente de los verbos **ir, dar, estar**

1. The verbs **ir** *(to go)*, **dar** *(to give)*, and **estar** *(to be)* are irregular. An irregular verb does not conform to the regular pattern. Note the similarity in the irregular **yo** form of these verbs.

> **yo   voy   doy   estoy**

2. The other forms of these verbs are the same as those you have learned for regular **-ar** verbs.

INFINITIVE	ir	dar	estar
yo	voy	doy	estoy
tú	vas	das	estás
él, ella, Ud.	va	da	está
nosotros(as)	vamos	damos	estamos
vosotros(as)	*vais*	*dais*	*estáis*
ellos, ellas, Uds.	van	dan	están

Práctica

A **HISTORIETA** Voy a la escuela.

Contesten. *(Answer.)*

1. ¿Vas a la escuela?
2. ¿A qué hora vas a la escuela?
3. ¿Vas a la escuela a pie?
4. ¿Vas en el bus escolar?
5. ¿Vas en carro?
6. ¿Cómo vas?
7. ¿Estás en la escuela ahora?
8. ¿En qué clase estás ahora?

San Juan, Puerto Rico

B Perdón, ¿adónde vas?

Sigan el modelo. *(Follow the model.)*

Voy a la escuela.

Perdón, ¿adónde vas?

1. Voy a la clase de español.
2. Voy a la clase de biología.
3. Voy a la cafetería.
4. Voy al laboratorio.
5. Voy al gimnasio.
6. Voy a la papelería.

Santurce, Puerto Rico

C ¿Dónde están Uds.?

Preparen una conversación.
(Prepare a conversation.)

> **Tomamos una merienda. (en la cafetería)**
> **—¿Dónde están Uds.? ¿En la cafetería?**
> **—Sí, estamos en la cafetería.**

1. Tomamos un sándwich. (en la cafetería)
2. Miramos un video. (en la clase de español)
3. Compramos un cuaderno. (en la papelería)
4. Estudiamos biología. (en el laboratorio)
5. Damos una fiesta. (en el Club de español)

D HISTORIETA La escuela

Contesten. *(Answer.)*

1. ¿A qué hora van Uds. a la escuela?
2. ¿Cómo van?
3. ¿Están Uds. en la escuela ahora?
4. ¿En qué clase están?
5. ¿Está el/la profesor(a)?
6. ¿Da él/ella muchos exámenes?
7. ¿Da él/ella exámenes difíciles?
8. ¿Qué profesores dan muchos exámenes?

La Torre del Oro, Sevilla, España

ESTRUCTURA

Expressing direction and possession
Las contracciones al y del

1. The preposition **a** means "to" or "toward." **A** contracts with the article **el** to form one word: **al.** The preposition **a** does not change when used with the other articles **la, las,** and **los.**

> **a + el = al**
>
> **En la escuela voy al laboratorio.**
> **Después voy a la cafetería.**
> **Y después voy a las tiendas.**

2. The preposition **a** is also used before a direct object that refers to a specific person or persons. It is called the "personal **a**" and has no equivalent in English.

Miro la televisión.   **Miro al profesor.**
Escucho el disco compacto.   **Escucho a los amigos.**

3. The preposition **de** can mean "of," "from," or "about." Like **a,** the preposition **de** contracts with the article **el** to form one word: **del.** The preposition **de** does not change when used with the other articles **la, las,** and **los.**

> **de + el = del**
>
> **Él habla del profesor de español.**
> **Es de la ciudad de Nueva York.**
> **Él es de los Estados Unidos.**

4. You also use the preposition **de** to indicate possession.

Es la calculadora del profesor.
Son los bolígrafos de Teresa y Sofía.
Son los cuadernos de Juan y Fernando.

❖Práctica❖

A ¿Qué o a quién? Contesten con **sí.** (*Answer with* sí.)

1. ¿Miras el video?
2. ¿Miras la pizarra?
3. ¿Miras al muchacho?
4. ¿Miras a la muchacha?

5. ¿Escuchas el disco compacto?
6. ¿Escuchas la música?
7. ¿Escuchas al profesor?
8. ¿Escuchas a las profesoras?

B ¿Adónde vas? Preparen una conversación.
(*Prepare a conversation based on each illustration.*)

—¿**Adónde vas?**
—¿**Quién? ¿Yo?**
—**Sí, tú.**
—**Pues, voy a la escuela.**

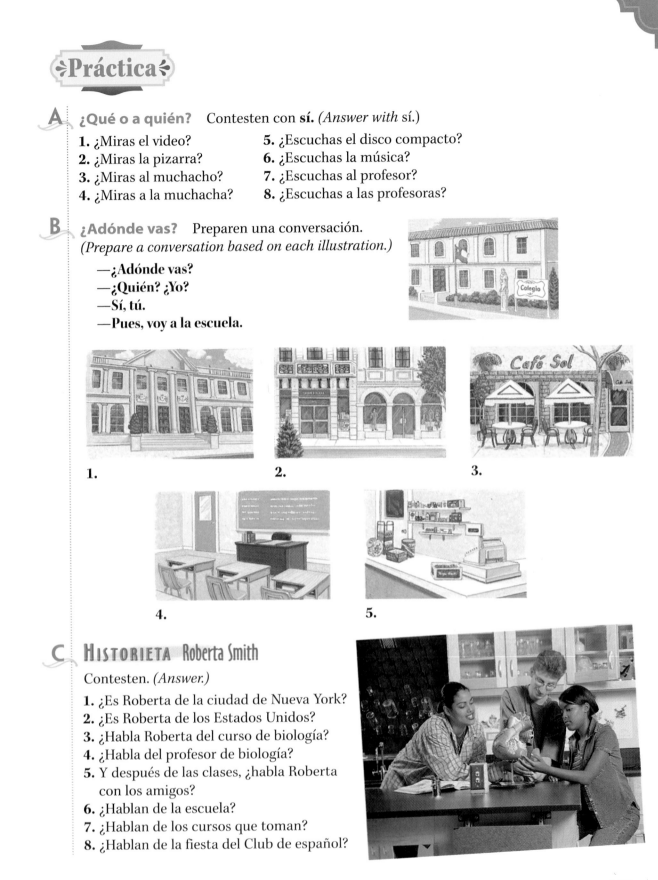

1.

2.

3.

4.

5.

C HISTORIETA Roberta Smith

Contesten. (*Answer.*)

1. ¿Es Roberta de la ciudad de Nueva York?
2. ¿Es Roberta de los Estados Unidos?
3. ¿Habla Roberta del curso de biología?
4. ¿Habla del profesor de biología?
5. Y después de las clases, ¿habla Roberta con los amigos?
6. ¿Hablan de la escuela?
7. ¿Hablan de los cursos que toman?
8. ¿Hablan de la fiesta del Club de español?

Conversación

La fiesta del Club de español

RUBÉN: Hola, amigo. ¿Qué tal?
¿Cómo estás?

HÉCTOR: Bien. ¿Y tú?

RUBÉN: Muy bien. Oye, ¿adónde vas
el viernes?

HÉCTOR: ¿El viernes? Pues, voy a la fiesta
del Club de español. ¿Tú no vas,
hombre?

RUBÉN: Sí, voy. ¿Por qué no vamos juntos?

HÉCTOR: ¿Por qué no? ¡Buena idea!

RUBÉN: En la fiesta bailamos, cantamos.

HÉCTOR: Sí, y tomamos una merienda—
¡con tacos y enchiladas!

Después de conversar

Contesten. *(Answer.)*

1. ¿Con quién habla Rubén?
2. ¿Cómo están los dos muchachos?
3. ¿Adónde va Héctor el viernes?
4. ¿Va Rubén también?
5. ¿Quién da la fiesta?
6. ¿Van juntos los dos muchachos?
7. ¿Bailan en la fiesta?
8. ¿Cantan?
9. ¿Toman una merienda?
10. ¿Qué toman?

Actividades comunicativas

A **Para ser un(a) alumno(a) bueno(a)** Work with a classmate. Prepare a list of things one has to do to be a good student. Take turns telling each other what you have to do. Each will respond to the other's advice. Use the models as a guide.

> ALUMNO 1: **Necesitas estudiar.**   ALUMNO 1: **Es necesario estudiar.**
>
> ALUMNO 2: **Pues, estudio.**   ALUMNO 2: **Sí, y yo no estudio.**

B **¿Bailan o qué?** With a classmate, look at the places below. Choose one and tell several things students usually do in that place. Take turns.

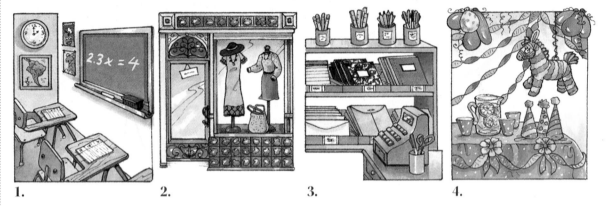

1.   2.   3.   4.

C **Un día típico** Work with a classmate. Each of you will tell about your typical school-day activities. When you finish, identify those things that both of you do.

PRONUNCIACIÓN

La consonante t

The **t** in Spanish is pronounced with the tip of the tongue pressed against the upper teeth. It is not followed by a puff of air.

ta	te	ti	to	tu
taco	Teresa	tienda	toma	tú
canta	interesante	tiempo	tomate	estudia
está	casete	latín	Juanito	estupendo

Repeat the following sentences.

> **Tito necesita siete disquetes de la tienda.**
> **Tú tomas apuntes en latín.**
> **Teresa invita a Tito a la fiesta.**

Lecturas CULTURALES

Reading Strategy

Making comparisons while reading

If you read a passage that discusses a topic from different points of view, you can make comparisons while reading. Noting such similarities and differences will help make the ideas clearer and you will probably remember more of what you read. You can either make these comparisons in your head or write them down as you read.

ESCUELAS DEL MUNDO HISPANO

Paula y Armando son dos amigos peruanos. Son de Miraflores. Miraflores es un suburbio bonito de Lima.

Paula y Armando no van a la misma escuela. Paula va a una academia privada y Armando va a un colegio privado. Muchas escuelas privadas en España y Latinoamérica no son para muchachos y muchachas. No son mixtas. Pero la mayoría[1] de las escuelas públicas son mixtas.

Hay otra diferencia interesante entre una escuela norteamericana y una escuela hispana. Aquí los alumnos van de un salón a otro. El profesor o la profesora de álgebra enseña en un salón y el profesor o la profesora de español enseña en otro. En España y Latinoamérica, no. Los alumnos no van de un salón a otro. Pasan la mayor parte[2] del día en el mismo salón. Son los profesores que «viajan[3]» o van de una clase a otra.

[1]mayoría *majority*
[2]mayor parte *greater part*
[3]viajan *travel*

Colegio de Nuestra Señora Carmen, Miraflores, Perú

Una vista de Miraflores

Después de leer

A **¿En Latinoamérica o en los Estados Unidos?** Decidan.
(Decide whether each statement describes more accurately a school in Latin America or one in the United States.)

1. Los muchachos y las muchachas van a la misma escuela.
2. Los alumnos van de un salón a otro.
3. Los profesores van de un salón a otro.

B **Las escuelas de Paula y Armando** Contesten. *(Answer.)*

1. ¿De dónde son Paula y Armando?
2. ¿Van a la misma escuela?
3. ¿Va Paula a una escuela pública o privada?
4. ¿Y Armando? ¿Va él a una escuela pública o privada?
5. ¿Son mixtas la mayoría de las escuelas privadas en Latinoamérica?
6. ¿Dónde pasan la mayor parte del día los alumnos hispanos?
7. ¿Quiénes «viajan» de una clase a otra?

C **En español, por favor.** Busquen las palabras afines.
(Find the cognates in the reading.)

Miraflores, Perú

UNA CONFERENCIA UNIVERSITARIA

En la universidad los profesores dan conferencias a los estudiantes. Hay una conferencia universitaria muy histórica y famosa. Es famosa porque es la primera[1] conferencia universitaria de las Américas. Y la primera conferencia que da un profesor en una universidad de América es una conferencia en español.

¿Por qué en español? Es en español porque el profesor da la conferencia en la Universidad de Santo Domingo. La universidad más antigua[2] de las Américas es la Universidad de Santo Domingo (1538). La universidad más antigua de los Estados Unidos es Harvard (1636).

[1]primera *first*
[2]más antigua *oldest*

Harvard University, Massachussetts

Antigua Universidad de Santo Domingo

¿Lo sabes?

The Spanish word **conferencia** is a false cognate. It looks like the English word *conference* but it actually means *lecture.*

Después de leer

A **En inglés, por favor.** Expliquen. *(Explain the significance of the information presented in the reading.)*

GABRIELA MISTRAL (1889–1957)

Gabriela Mistral es una poeta famosa. Es de Vicuña. Vicuña es un pequeño pueblo rural de Chile. De joven[1], Gabriela Mistral enseña en varias escuelas primarias en áreas rurales de Chile. Ella pasa unos años[2] como directora de una escuela en Punta Arenas, en el extremo sur de la Patagonia chilena. Hoy la escuela lleva el nombre[3] de la maestra y poeta—el Liceo Gabriela Mistral. Es una maestra excelente y es también una poeta excelente. Como poeta, Gabriela Mistral recibe un gran honor. Gana[4] el Premio Nóbel de Literatura.

[1]De joven *As a young woman*
[2]años *years*
[3]nombre *name*
[4]Gana *She wins*

Punta Arenas, Chile

Liceo Gabriela Mistral, Punta Arenas

Después de leer

A **Gabriela Mistral** Digan que sí o que no. *(Tell whether the statements are true or false.)*

1. Gabriela Mistral es novelista.
2. Gabriela Mistral es venezolana.
3. Ella es de Santiago de Chile.
4. Ella enseña en muchas áreas urbanas de Chile.
5. Ella enseña en varias escuelas secundarias.

B **No es así.** Corrijan. *(Correct the statements in Activity A that are not correct.)*

C **Un poco de geografía** Busquen en el mapa. *(On the map of South America in the back of your book, locate* Punta Arenas *and la* Patagonia. Patagonia *is in two countries. What countries are they?)*

Conexiones

LAS CIENCIAS NATURALES

LA BIOLOGÍA

Sciences are an important part of the school curriculum. If you like science, it would be fun to be able to read some scientific material in Spanish. You will see how easy it is. It's easy because you already have some scientific background and knowledge. The knowledge you already have helps you understand what you are reading. In addition, many scientific terms are cognates. The following is a short selection in Spanish about biology.

Una clase de biología, Buenos Aires

La biología

La biología es la ciencia que estudia los animales y las plantas. Es el estudio de la estructura de los organismos vivos. El/La biólogo(a) es el/la científico(a) que estudia la biología.

El microscopio

Los biólogos trabajan en un laboratorio. Un instrumento importante para los biólogos es el microscopio. El microscopio permite a los biólogos observar objetos muy pequeños, muy diminutos. Con el microscopio los biólogos observan y analizan células, microbios y bacterias.

Orquídeas de Costa Rica

Niña con una llama, Cuzco, Perú

La célula

¿Qué es una célula? La célula es el elemento básico y más importante de los seres vivientes[1]. Generalmente una célula es microscópica. Consiste en una masa llamada[2] «protoplasma» envuelta[3] en una membrana. Un microbio es un ser monocelular vegetal o animal. El microbio es solamente visible con el microscopio.

[1]seres vivientes *living creatures*
[2]llamada *called*
[3]envuelta *wrapped, encased*

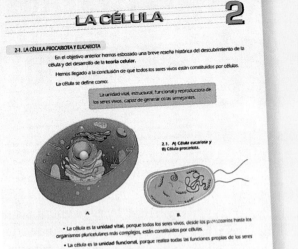

LA CÉLULA 2

2-1. LA CÉLULA PROCARIOTA Y EUCARIOTA

En el objetivo anterior hemos esbozado una breve reseña histórica del descubrimiento de la célula y del desarrollo de la **teoría celular**.

Hemos llegado a la conclusión de que todos los seres vivos están constituidos por células.

La célula se define como:

La unidad vital, estructural, funcional y reproductora de los seres vivos, capaz de generar otras semejantes.

2-1. A) Célula eucariota y B) Célula procariota.

• La célula es la **unidad vital**, porque todos los seres vivos, desde los protozoarios hasta los organismos pluricelulares más complejos, están constituidos por células.

• La célula es la **unidad funcional**, porque realiza todas las funciones propias de los seres vivos.

• La célula es la **unidad reproductora**, por que da origen a otras células semejantes y transmite los caracteres hereditarios.

De acuerdo con el grado de complejidad y estructura, las células se dividen en dos tipos: **células procariotas y células eucariotas**.

►Después de leer◄

A Palabras científicas   Hagan una lista. *(Make a list of science terms you recognize.)*

B La biología   Digan que sí o que no. *(Tell whether the statements are true or false.)*

1. La biología es la ciencia que estudia los elementos químicos.
2. Los biólogos estudian los animales y las plantas.
3. Un vegetal es un animal.
4. Los biólogos trabajan en un laboratorio.
5. Los biólogos usan un telescopio.
6. Hay muchas cosas que son visibles solamente con el microscopio.
7. Una célula es bastante grande.
8. Un microbio es un ser de una sola célula—es monocelular.

C Estudio de palabras   Adivinen. *(Note that the following words are all related to one another. If you know the meaning of one of them, you can guess the meaning of the others.)*

1. la biología, el biólogo, biológico
2. observar, la observación, el observador
3. analizar, el análisis, analítico
4. la célula, celular
5. el microscopio, microscópico

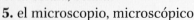

Una clase de biología, Buenos Aires

Culminación

Actividades orales

A. Diferencias   Your school is going to have an exchange student from Spain. Based on what you have learned about schools in the Spanish-speaking world, tell some things the exchange student will find that are different. Tell also what he or she will find that is similar.

B. Las mismas cosas   With a classmate, look at the illustrations. Then compare your own daily school habits with those of the students in the illustrations. Use **nosotros.**

Actividades escritas

A La vida escolar   Your Spanish pen pal wants to know what a typical school day is like. In a short letter, tell him or her all you can about a typical day in school. Don't forget to mention grades.

B El horario escolar   Write out your daily school schedule in Spanish.

Writing Strategy

Ordering ideas

You can order ideas in a variety of ways when writing. Therefore, you must be aware of the purpose of your writing in order to choose the best way to organize your material. When describing an event, it is logical to put the events in the order in which they happen. Using a sensible and logical approach helps readers develop a picture in their minds.

Una fiesta

In the most recent letter from your Spanish pen pal, Gloria Velázquez, she described a party she had for her best friend. She also sent you this photograph. She told you what she had to do to prepare for the party and what her friends did at the party. She wants to know whether the types of parties she has are similar to the ones teenagers give here in the United States. Write her a letter explaining what you do to prepare for a party and what the parties are like. Include as many details as you can. These words may be helpful to you: **dar, invitar, necesitar, preparar, llegar, estar, hablar, tomar, escuchar, bailar, cantar.**

Puerto Sol, España

Vocabulario

GETTING TO SCHOOL

llegar
ir a pie
en el bus escolar
en carro, en coche
entrar en la escuela

IDENTIFYING CLASSROOM OBJECTS

la sala (el salón) de clase
la pizarra, el pizarrón

DISCUSSING CLASSROOM ACTIVITIES

estar en clase
estudiar
enseñar
mirar
escuchar

prestar atención
tomar apuntes
dar un examen
sacar notas buenas (altas)
sacar notas malas (bajas)

DISCUSSING THE SPANISH CLUB

el Club de español
el miembro
la fiesta
la música
el disco compacto
el casete

la merienda
bailar
cantar
preparar
dar una fiesta

FINDING OUT INFORMATION

¿a qué hora?
¿cuándo?
¿adónde?

OTHER USEFUL EXPRESSIONS

a eso de
en punto
otros(as)

algunos(as)
ahora
también

TECNOTUR

¡Buen viaje!

EPISODIO 4 ▶ En la escuela

Cristina visita a Isabel en la escuela.

¿Estudia Luis para el examen de biología?

Expansión cultural

El Paseo de la Reforma es una avenida muy famosa en la Ciudad de México.

interNET CONNECTION

In this video episode Cristina experiences campus life in a Mexican school with her friends Isabel and Luis. To find out more about Spanish-speaking schools worldwide, go to the **Capítulo 4** Internet activity at the **Glencoe Foreign Language Web site:**

http://www.glencoe.com/sec/fl

Repaso CAPÍTULOS 1-4

Conversación

La apertura de clases

JULIO:	Anamari, ¿cómo estás?
ANAMARI:	Muy bien, Julio. ¿Y tú?
JULIO:	Bien. ¿Adónde vas?
ANAMARI:	Voy a la papelería. Necesito comprar algunas cosas para la apertura de clases.
JULIO:	¡Ay, septiembre, una vez más y la apertura de clases! ¡Es increíble!

Estepona, España

Después de conversar

A Anamari y Julio Contesten. *(Answer.)*

1. ¿Con quién habla Anamari?
2. ¿Cómo está Julio?
3. ¿Son amigos Julio y Anamari?
4. ¿Son alumnos?
5. ¿Adónde va Anamari? ¿Qué necesita?
6. ¿De qué hablan los dos amigos?

B ¿Qué compra Anamari? Preparen una lista de los materiales escolares que Anamari compra para la apertura de clases. *(Prepare a list of school supplies that Anamari buys for the beginning of school.)*

Estructura

Verbos, sustantivos, artículos y adjetivos

1. Review the forms of regular **-ar** verbs.

HABLAR	hablo	hablas	habla	hablamos	*habláis*	hablan
LLEVAR	llevo	llevas	lleva	llevamos	*lleváis*	llevan

2. Review the irregular verbs you have learned so far.

SER	soy	eres	es	somos	*sois*	son
IR	voy	vas	va	vamos	*vais*	van
ESTAR	estoy	estás	está	estamos	*estáis*	están
DAR	doy	das	da	damos	*dais*	dan

3. An adjective must agree with the noun it describes. Remember that adjectives that end in **o** have four forms.

el amigo sincero	**los amigos sinceros**	**la amiga sincera**	**las amigas sinceras**
el curso difícil	**los cursos difíciles**	**la clase difícil**	**las clases difíciles**

Práctica

A **Entrevista** Contesten personalmente. *(Answer.)*

1. ¿Vas a una escuela secundaria?
2. ¿Estás en la escuela ahora?
3. ¿Cuántos cursos tomas?
4. ¿Habla mucho la profesora?
5. ¿Son buenos los alumnos de español?
6. ¿Escuchan Uds. cuando la profesora habla?
7. ¿Sacan Uds. notas buenas?
8. ¿Dan los profesores muchos exámenes?

Actividades comunicativas

A **Julio y Anamari** Work with a classmate. Look at the photo of Julio and Anamari. They are from Málaga, Spain. Say as much as you can about Julio. Then say as much as you can about Anamari. Take turns.

B **Los amigos** Look at the photo of a group of friends from Estepona, Spain on page 126. With a classmate, talk about the group. Ask one another questions about some of the people in the photo.

1

1. *Ruinas de Uxmal*
2. *Estatua olmeca, parque La Venta, Veracruz*
3. *Mercado indio Tzotzil, Chiapas*
4. *Guanajuato*
5. *Tuna con vestimenta del siglo XVI, Guanajuato*
6. *Tejedor de caña, Querétaro*
7. *Pescadores, lago Pátzcuaro, Michoacán*

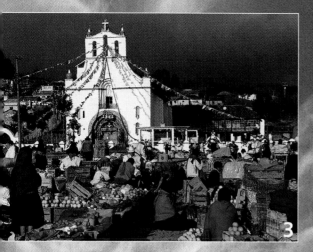

3

NATIONAL GEOGRAPHIC
VISTAS
DE MÉXICO

4

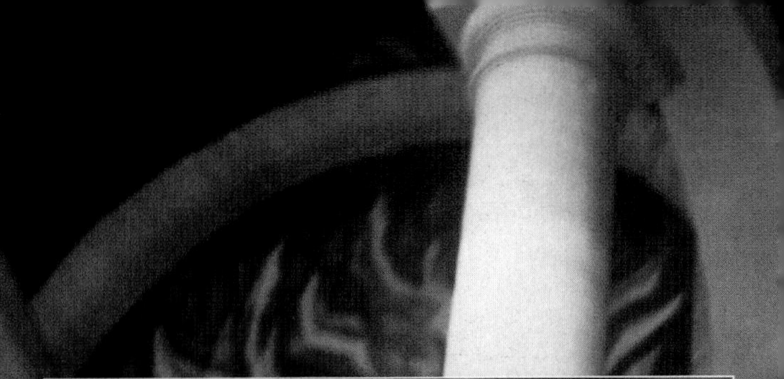

1

1. Alhóndiga, museo, Guanajuato
2. Niña maya delante de la catedral de San Cristóbal de las Casas, Chiapas
3. Bolsa de valores, Ciudad de México
4. Cosecha de toronjas, Oaxaca
5. Maquiladora de televisores, Tijuana
6. Plataforma petrolera, Campeche
7. Monumento de la Independencia, Paseo de la Reforma, Ciudad de México

2

7

3

6

131

CAPÍTULO 5

En el café

Objetivos

In this chapter you will learn to do the following:

- ∾ order food or a beverage at a café
- ∾ identify some food
- ∾ shop for food
- ∾ talk about activities
- ∾ talk about differences between eating habits in the United States and in the Spanish-speaking world

Vocabulario

En el café

el café

el mesero,
el camarero

la mesa
una mesa ocupada

una mesa libre

el menú

Rafael va al café.
Él va al café con Catalina.
Ellos van juntos.
Buscan una mesa.
Ven una mesa libre.

Catalina lee el menú.

Para beber

un café solo

un café con leche

los refrescos

una Coca-Cola

un té helado

una limonada

Para comer

una sopa

el jamón

el queso

una ensalada

una tortilla

papas fritas

el postre

un bocadillo,
un sándwich

una hamburguesa

un pan dulce

un helado
de vainilla

un helado
de chocolate

Antes de comer

Sí, señores, ¿qué desean Uds.?

Para mí, un café
con leche, por favor.

Y para mí,
una Coca-Cola.

Los clientes hablan con el mesero.
El mesero escribe la orden.

Después de comer

La cuenta, por favor.

Sí, señor. Enseguida.

¿Está incluido el servicio?

Sí, señor.

la cuenta

NOTA When learning a language, try to guess the meaning of unfamiliar words. The other words in the sentence provide the context and will help you understand words you do not know.

Elena estudia español en la escuela. *Aprende* el español en la escuela. Elena lee un menú en español. Ella *comprende* el menú. *Comprende* porque a*prende* el español en la escuela. Elena *comprende,* habla, lee y escribe el español. Es una alumna buena. *Recibe* notas muy buenas.

✦Práctica✦

A HISTORIETA Al café

Contesten. *(Answer.)*

1. ¿Adónde van los amigos?
2. ¿Qué buscan?
3. ¿Están ocupadas todas las mesas?
4. ¿Ven una mesa libre?
5. ¿Toman la mesa?
6. ¿Lee Gabriela el menú?
7. ¿Con quién hablan los amigos?
8. ¿Quién escribe la orden?
9. ¿Qué bebe Gabriela?
10. ¿Qué bebe Tomás?
11. ¿Toman un refresco los amigos?

Caracas, Venezuela

B HISTORIETA En el café

Contesten. *(Answer.)*

1. Los amigos van _____.
   a. al café   b. a la cafetería de la escuela

2. Buscan _____.
   a. una mesa ocupada   b. una mesa libre

3. Los amigos leen _____.
   a. el menú   b. la orden

4. El mesero _____ la orden.
   a. lee   b. escribe

5. Para _____ hay café, té y soda.
   a. comer   b. beber

6. El cliente paga _____.
   a. el menú   b. la cuenta

C ¿Qué toma José? Sigan el modelo. *(Follow the model.)*

José bebe una Coca-Cola.

José come un bocadillo de jamón y queso.

1.
2.
3.
4.
5.
6.

HISTORIETA Una experiencia buena

Contesten. *(Answer.)*

1. ¿Va Linda a un café?
2. ¿Va a un café en Madrid?
3. ¿Va con un grupo de alumnos americanos?
4. ¿Habla Linda con el camarero?
5. ¿Lee Linda el menú?
6. ¿Es en español el menú?
7. ¿Comprende Linda el menú?
8. ¿Y comprende Linda al camarero cuando él habla?
9. ¿Por qué comprende Linda? ¿Aprende ella el español en la escuela?
10. ¿Habla, lee y comprende Linda el español?

Madrid, España

Actividades comunicativas

A **Al café** Work in small groups. You're in a café in Mexico City. One of you will be the server. Have a conversation from the time you enter the café until you leave. You will get a table, order, get the check, and pay.

B **¿Qué toman los amigos?** Look at the illustrations below. With a classmate, take turns telling one another what's happening in each one.

En el mercado

las manzanas

la lechuga

las naranjas

los plátanos

las papas

los tomates

las judías verdes

las zanahorias

las frutas

las habichuelas,
los frijoles

los guisantes

los vegetales

los mariscos

la carne

los huevos

el pollo

el pescado

¿A cuánto están los guisantes hoy?

A cincuenta el kilo.

Medio kilo, por favor.

¿Algo más, señora?

No, nada más, gracias.

La señora va de compras.
Va de compras en México,
La señora vive en México.

En el supermercado

Venden:

un bote (una lata) de atún

un paquete de arroz

una bolsa de papas fritas

productos congelados

Las comidas

el desayuno

el almuerzo

la cena

⟡Práctica⟡

Miraflores, Perú

A HISTORIETA Al mercado

Contesten. *(Answer.)*

1. ¿Van Uds. al mercado?
2. ¿Compran Uds. comida en el mercado?
3. En el mercado, ¿venden vegetales y frutas?
4. ¿Venden carne y pescado también?
5. ¿Quiénes venden, los clientes o los empleados?
6. ¿Van Uds. al supermercado también?
7. En el supermercado, ¿venden productos en botes, paquetes y bolsas?
8. ¿Venden también muchos productos congelados?

San Miguel de Allende, México

B HISTORIETA De compras

Completen según la foto.
(Complete according to the photo.)

　　La señora está en el ____. La señora
　　　　　　　　　　　　　1
va a un mercado en México porque ella

____ en México. Habla con la empleada.
 2

Compra una docena de ____. Hoy los
　　　　　　　　　　　3
huevos están a ____ pesos la docena.
　　　　　　　4
La señora compra los huevos pero no

necesita ____ más.
　　　5

C ¿El desayuno, el almuerzo o la cena? Contesten con **sí** o **no.**
(Answer with sí *or* no.*)*

1. En el desayuno comemos cereales, huevos, pan dulce, yogur y pan tostado con mermelada.
2. En la cena comemos un biftec.
3. En el desayuno comemos un bocadillo de pollo con papas fritas y una ensalada de lechuga y tomate.
4. En la cena comemos carne o pescado, papas o arroz, un vegetal y un postre.

D Lo contrario Escojan lo contrario. *(Choose the opposite.)*

1. algo   **a.** escribir
2. ocupado   **b.** aprender
3. para beber   **c.** nada
4. leer   **d.** libre
5. comprar   **e.** vender
6. enseñar   **f.** para comer

Actividades comunicativas

A **Al mercado** Visit a Hispanic market in your community with your classmates. If you don't know the names of some foods that appeal to you, ask the vendor. Choose a few items and find out how much you owe. Be sure to speak Spanish. If there isn't a Latin American market in your community, set one up in your classroom. Bring in photos of food items. Take turns pretending to be the vendor and the customers.

B **¿Qué compras en el mercado?**
You're at an open-air food market in Peru. Make a list of the items you want to buy. With a classmate, take turns being the vendor and the customer as you shop for the items on your lists.

C **Las comidas para mañana**
Work with a classmate. Prepare a menu for tomorrow's meals—**el desayuno, el almuerzo y la cena.** Based on your menus, prepare a shopping list.

Lima, Perú

Estructura

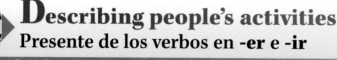

Describing people's activities
Presente de los verbos en -er e -ir

You have already learned that many Spanish verbs end in **-ar.** These verbs are referred to as first conjugation verbs. Most regular Spanish verbs belong to the **-ar** group. The other two groups of regular verbs in Spanish end in **-er** and **-ir.** Verbs whose infinitive ends in **-er (comer, beber, leer, vender, aprender, comprender)** are second conjugation verbs. Verbs whose infinitive ends in **-ir (vivir, escribir, recibir)** are third conjugation verbs. Study the following forms. Note that the endings of **-er** and **-ir** verbs are the same except for the **nosotros** and **vosotros** forms.

-ER VERBS			
INFINITIVE	comer	leer	
STEM	com-	le-	ENDINGS
yo	como	leo	-o
tú	comes	lees	-es
él, ella, Ud.	come	lee	-e
nosotros(as)	comemos	leemos	-emos
vosotros(as)	coméis	leéis	-éis
ellos, ellas, Uds.	comen	leen	-en

-IR VERBS			
INFINITIVE	vivir	escribir	
STEM	viv-	escrib-	ENDINGS
yo	vivo	escribo	-o
tú	vives	escribes	-es
él, ella, Ud.	vive	escribe	-e
nosotros(as)	vivimos	escribimos	-imos
vosotros(as)	vivís	escribís	-ís
ellos, ellas, Uds.	viven	escriben	-en

> ¿**Lo sabes?**
>
> The verb **ver** *(to see)* follows the same pattern as other -er verbs with the exception of the yo form.
>
> | | |
> |---|---|
> | veo | vemos |
> | ves | *veis* |
> | ve | ven |

Práctica

A HISTORIETA Un menú español

Lean y contesten. *(Read and answer.)*

PABLO: Linda, ¿lees el menú en español?

LINDA: ¡Sí, claro!

PABLO: Pero, ¿comprendes un menú en español?

LINDA: Sí, comprendo. ¿Por qué preguntas?

PABLO: Pero no eres española. Y no vives aquí en Madrid. ¿Lees el español? ¿Cómo es posible?

LINDA: Pues, aprendo el español en la escuela en Nueva York. En clase hablamos mucho. Leemos y escribimos también.

PABLO: Pues, yo aprendo el inglés aquí en Madrid. Hablo un poco, pero cuando leo no comprendo casi nada. Comprendo muy poco.

1. ¿Qué lee Linda?
2. ¿En qué lengua lee el menú?
3. ¿Comprende el menú?
4. ¿Es de España Linda?
5. ¿Vive ella en Madrid?
6. ¿Por qué comprende? ¿Donde aprende ella el español?
7. En la clase de español, ¿hablan mucho los alumnos?
8. ¿Leen y escriben también?
9. ¿Qué lengua aprende Pablo en Madrid?
10. ¿Comprende él cuando lee algo en inglés?

Madrid, España

MESON RESTAURANTE
EL TABIÓN

PATIO ANDALUZ
AIRE ACONDICIONADO
AMPLIOS SALONES
COMIDA SELECTA
Y GARANTIZADA

Cardenal González, 69
Teléfono 47 60 61 · Fax 48 62 40
14003 CORDOBA

PLATOS COMBINADOS

1 - CHULETA, HUEVO, TOMATE Y PATATAS   790 Pts.
2 - FLAMENQUIN, CALAMARES, PAELLA Y TOMATE   790 Pts.
3 - PAELLA, PESCADO, ENSALADA Y TOMATE   790 Pts.
4 - HAMBURGUESA, FLAMENQUIN, TOMATE Y PATATAS 760 Pts.

MENUS ECONOMICOS

MENU 1.º PAELLA
          PESCADO O CARNE
          PAN, VINO Y FRUTA   1.125 Pts.

MENU 2.º SOPA DE PICADILLO
          PESCADO O CARNE
          PAN, VINO Y FRUTA   1.125 Pts.

MENU 3.º GAZPACHO CON GUARNICION
          PESCADO O CARNE
          PAN, VINO Y FRUTA   1.125 Pts.

ENTRADAS

GAZPACHO CON GUARNICION
REVUELTO DE ESPARRAGOS
JAMON Y QUESO
SOPAS DE PICADILLO O MARISCO
ENSALADAS MIXTA O DE LA CASA
MENESTRA DE VERDURAS CASERA
TORTILLAS A ELEGIR ● PINCHITOS MORUNOS
HUEVOS CON JAMON ● PAELLA MIXTA
SETAS A LA CORDOBESA

CARNES

POLLO EN SALSA CORDOBESA ● SAN JACOBO
FILETE DE TERNERA ● CHULETON DE TERNERA
CHULETAS DE CORDERO ● CHULETAS DE CERDO
CHURRASCO ● FLAMENQUIN CASERO
RABO DE TORO ● COCHIFRITO

PESCADOS

MERO EMPANADO ● PEZ ESPADA PLANCHA
LENGUADOS FRITOS O PLANCHA
CALAMARES FRITOS ● PIJOTAS FRITAS
PESCADA FRITA ● BOQUERONES
CHIPIRONES ● JAPUTA EN ADOBO
ROSADA PLANCHA ● PEZ A LA MILANESA

B HISTORIETA En un café

Completen. *(Complete.)*

En el café los clientes _____ (ver) al mesero. Ellos _____ (hablar) con
$\overline{}_1$ $\overline{}_2$
el mesero. Los clientes _____ (leer) el menú y _____ (decidir) lo que van
$\overline{}_3$ $\overline{}_4$
a comer o beber. Los meseros _____ (tomar) la orden y _____ (escribir)
$\overline{}_5$ $\overline{}_6$
la orden en una hoja de papel o en un bloc pequeño. Los meseros no
_____ (leer) el menú. Los clientes _____ (leer) el menú. Y los clientes no
$\overline{}_7$ $\overline{}_8$
_____ (escribir) la orden. Los meseros _____ (escribir) la orden.
$\overline{}_9$ $\overline{}_{10}$

C Yo   Contesten personalmente. *(Answer about yourself.)*

1. ¿Dónde vives?
2. En casa, ¿hablas inglés o español?
3. ¿Aprendes el español en la escuela?
4. En la clase de español, ¿hablas mucho?
5. ¿Lees mucho?
6. ¿Escribes mucho?
7. ¿Comprendes al profesor o a la profesora cuando él o ella habla?
8. ¿Comprendes cuando lees?

D ¿Qué comen todos?   Sigan el modelo. *(Follow the model.)*

carne
Teresa come carne.
—Yo como carne también. / Yo no como carne.
—Y tú, ¿comes carne o no?

1. vegetales
2. pescado
3. mariscos
4. ensalada
5. postre
6. pollo
7. huevos

Cádiz, España

Nosotros Contesten personalmente.
(Answer about yourself and a friend.)

1. ¿Dónde viven Uds.?
2. ¿A qué escuela asisten Uds. (van Uds.)?
3. ¿Escriben Uds. mucho en la clase de español?
4. ¿Escriben Uds. mucho en la clase de inglés?
5. ¿Leen Uds. mucho en la clase de español?
6. ¿En qué clase leen Uds. novelas y poemas?
7. ¿Aprenden Uds. mucho en la clase de español?
8. ¿Comprenden Uds. cuando el profesor o la profesora habla?
9. ¿Ven Uds. un video en la clase de español?
10. Recibimos notas buenas en español. ¿Reciben Uds. notas buenas también?

¿Lo sabes?

The verb **asistir** is a false cognate. It means "to attend."

F

¿Toman Uds. un refresco? Sigan el modelo. *(Follow the model.)*

Coca-Cola
Nosotros bebemos Coca-Cola. / No bebemos Coca-Cola.
¿Y Uds.? ¿Beben Coca-Cola o no?

1. café solo
2. café con leche
3. leche
4. limonada
5. té

Actividades comunicativas

A **¿Qué comes?** With a classmate, take turns finding out what each of you eats for breakfast, lunch, and dinner.

B **¿Cuánto es, por favor?** You are at a little café in South America. Your classmate is the waiter or waitress. Order something you want to eat and drink. Then find out how much it is. The waiter or waitress can refer to the menu to tell you how much you owe.

Café Luna

sándwich	14 pesos
tamal	10 pesos
enchilada	11 pesos
café	2 pesos
limonada	3 pesos
Coca-Cola	3 pesos

C **El curso de inglés** Have a discussion with a classmate about your English class. Tell as much as you can about what you do and learn in class. You may want to use some of the following words.

aprender escribir leer comprender recibir

Conversación

En la terraza de un café

JULIA: Carlos, hay mucha gente en el café.

CARLOS: Sí, veo que no hay muchas mesas libres.

JULIA: Verdad, pero allí hay una. ¿Ves? ¡Vamos!

CARLOS: ¡Vale!

(Llegan a la mesa y Julia lee el menú.)

MESERO: Señores, ¿desean Uds. tomar algo?

JULIA: Sí, para mí una limonada, por favor.

CARLOS: Y para mí un café con leche.

MESERO: Sí, señores. Enseguida.

(Julia y Carlos hablan mientras toman el refresco.)

CARLOS: ¿Qué lees, Julia?

JULIA: Leo una novela de Isabel Allende. Es excelente.

(Unos momentos después)

CARLOS: Mesero, la cuenta, por favor.

MESERO: Sí, señor.

Después de conversar

Contesten. *(Answer.)*

1. ¿Dónde están Julia y Carlos?
2. ¿Hay mucha gente en el café?
3. ¿Qué ve Julia?
4. ¿Qué lee Julia?
5. ¿Con quién hablan Carlos y Julia?
6. ¿Qué desea Julia?
7. ¿Y Carlos?
8. ¿Qué novela lee Julia?
9. ¿Cómo es la novela?

Actividades comunicativas

A **En el café** Work in groups of three or four. You're all friends from Madrid. After school you go to a café where you talk about lots of things—school, teachers, friends, etc. One of you will play the role of the waiter or waitress at the café. You have to interrupt the conversation once in a while to take the orders and serve.

B **¿Qué preparamos?** Work in groups of three or four. The Spanish Club is having a party and you're planning the menu. You want to have one dish with meat and one without meat, since there are quite a few students who are vegetarians **(vegetarianos)**. Look at the menu the club members have prepared and decide what you have to buy at the supermarket.

para comer:
sándwiches
hamburguesas
ensaladas
fruta
para beber:
refrescos
café

PRONUNCIACIÓN

La consonante d

The pronunciation of **d** in Spanish varies according to its position in the word. When a word begins with **d** (initial position) or follows the consonants **l** or **n,** the tongue gently strikes the back of the upper front teeth.

da	de	di	do	du
da	dependiente	difícil	domingo	dulce
merienda	vende	andino	condominio	

When **d** appears within the word between vowels (medial position), **d** is extremely soft. Your tongue should strike the lower part of your upper teeth, almost between the upper and lower teeth.

da	de	di	do	du
privada	modelo	estudio	helado	educación
ensalada	cuaderno	medio	congelado	

When a word ends in **d** (final position), **d** is either extremely soft or omitted completely—not pronounced.

nacionalidad **ciudad**

Repeat the following sentences.

Diego da el disco compacto a Donato en la ciudad.
El dependiente vende helado y limonada.
Adela compra la merienda en la tienda.

Lecturas CULTURALES

Reading Strategy

Guessing meaning from context

It's easy to understand words you have already studied. There are also ways to understand words you are not familiar with. One way is to use the context—the way these words are used in the sentence or reading—to help you guess the meaning of those words you do not know.

EN UN CAFÉ EN MADRID

José Luis vive en Madrid. Después de las clases, los amigos de José Luis van juntos, en grupo, a un café. En el otoño y en la primavera, ellos van a un café al aire libre[1]. Pasan una hora o más en el café. Toman un refresco y a veces comen un bocadillo o un pan dulce. En el café, hablan y hablan. Hablan de la escuela, de los amigos, de la familia. Y a veces miran a la gente que pasa.

[1]al aire libre *outdoor*

Paseo de la Castellana, Madrid

Madrid, España

Después de una hora o más, van a casa. Cuando llegan a casa, ¿comen o cenan enseguida, inmediatamente? No, no comen inmediatamente. En España, no cenan hasta las diez o las diez y media de la noche. Pero en España y en algunos países latinoamericanos la comida principal es la comida del mediodía.

Estepona, España

Después de leer

A **José Luis**   Contesten con **sí** o **no.** *(Answer with* sí *or* no.*)*

1. José Luis es un muchacho de la Ciudad de México.
2. José Luis va solo al café.
3. En el invierno, José Luis y un grupo de amigos van a un café al aire libre.
4. En el café, toman un refresco.
5. Hablan de muchas cosas diferentes.
6. Pasan solamente unos minutos en el café.
7. Cuando llegan a casa, los muchachos comen enseguida con la familia.
8. La comida principal es la cena.

B **La verdad, por favor.**   Corrijan las oraciones falsas de la Actividad A. *(Correct the false statements from Activity A.)*

LAS HORAS PARA COMER

El desayuno

En España y en los países de Latinoamérica, la gente suele[1] comer más tarde que aquí en los Estados Unidos. Como nosotros, toman el desayuno a eso de las siete o las ocho de la mañana. A eso de las diez van a un café o a una cafetería donde toman otro café con leche y un churro o pan dulce.

El almuerzo

El almuerzo es a la una o, en el caso de España, a eso de las dos de la tarde. Hoy día la mayoría[2] de la gente no va a casa a tomar el almuerzo. Toman el almuerzo en la cafetería de la escuela o en la cafetería donde trabajan. Si no, comen en un café o en un restaurante. Muchos no van a casa a tomar el almuerzo porque hay mucho tráfico. Tarda (toma) demasiado tiempo[3].

La cena

En la mayoría de los países latinoamericanos la gente suele cenar a las ocho y media o a las nueve. Pero, en España, no. En España la cena es a las diez o a las diez y media.

Buenos Aires, Argentina

[1]suele *tend to*
[2]mayoría *majority*
[3]demasiado tiempo *too much time*

Después de leer

A **¡A comer en el mundo hispano!** Contesten. *(Answer.)*

1. ¿Dónde suele comer la gente más tarde, en los Estados Unidos o en los países hispanos?
2. ¿A qué hora toman el desayuno en los países hispanos?
3. ¿A qué hora toman Uds. el desayuno?
4. ¿A qué hora es el almuerzo?
5. ¿Dónde toma la gente el almuerzo?
6. ¿Van muchos a casa?
7. ¿Por qué no van a casa?
8. ¿A qué hora cenan en Latinoamérica?
9. Y en España, ¿a qué hora cenan?
10. ¿A qué hora cenan Uds.?

¿MERCADO O SUPERMERCADO?

En los países hispanos hay muchos mercados. Algunos son mercados al aire libre. En el mercado la gente compra los alimentos o comestibles[1] que necesitan para las tres comidas. Los productos que venden en los mercados están muy frescos[2]. ¡Qué deliciosos!

Sevilla, España

Hay también supermercados—sobre todo (particularmente) en las grandes ciudades y en los alrededores[3] de las grandes ciudades. En los supermercados venden muchos productos en lata, en paquete o en bolsa. En los supermercados hay un gran surtido[4] de productos congelados.

[1]comestibles *foods*   [3]alrededores *outskirts*
[2]frescos *fresh*   [4]surtido *assortment*

Barcelona, España

Después de leer

A De compras para la comida Completen. *(Complete.)*

1. En los países hispanos hay _____.
2. En los mercados la gente compra _____.
3. Los productos del mercado están _____.
4. Hay supermercados en _____.
5. En los supermercados venden _____.

B Otra expresión Busquen una expresión equivalente en la lectura.
(Find an equivalent expression in the reading for the italicized words.)

1. En *las naciones* hispanas hay muchos mercados al aire libre.
2. La gente compra *los alimentos* que necesitan.
3. Están muy frescos. ¡Y qué ricos y *sabrosos*!
4. Venden productos *enlatados*.
5. Hay *una gran selección*.

Conexiones

LAS MATEMÁTICAS

LA ARITMÉTICA

When we go shopping or out to eat, it is often necessary to do some arithmetic. We either have to add up the bill ourselves or check the figures someone else has done for us. In a café or restaurant we want to figure out how much tip we should leave. In order to do this we have to do some arithmetic.

We seldom do a great deal of arithmetic in a foreign language. We normally do arithmetic in the language in which we learned it. It is fun, however, to know some basic arithmetical terms in case we have to discuss a bill or a problem with a Spanish-speaking person.

Before we learn some of these terms in Spanish, let's look at some differences in numbers. Note how the numbers 1 and 7 are written in some areas of the Spanish-speaking world.

$1 \quad 7$

Note too the difference in the use of the decimal point in some countries.

$1,000 \quad 1.000 \quad 1,07 \quad 1.07$

La aritmética

sumar	+
restar	−
multiplicar	×
dividir	÷

Para resolver un problema oralmente

Suma dos y dos.
  Dos y dos son cuatro. $2 + 2 = 4$

Resta dos de cinco.
  Cinco menos dos son tres. $5 - 2 = 3$

Multiplica dos por cinco.
  Dos por cinco son diez. $2 \times 5 = 10$

Divide quince entre tres.
  Quince entre tres son cinco. $15 \div 3 = 5$

El diez por ciento de ciento cincuenta pesos son quince pesos.

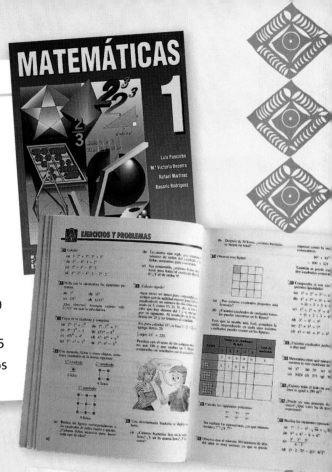

Después de leer

A **¿Cuánto es?** Resuelvan los problemas aritméticos en voz alta. *(Solve the following problems aloud.)*

1. $2 + 2 = 4$ 5. $4 \times 4 = 16$
2. $14 + 6 = 20$ 6. $8 \times 3 = 24$
3. $30 - 8 = 22$ 7. $27 \div 9 = 3$
4. $20 - 4 = 16$ 8. $80 \div 4 = 20$

B **La respuesta, por favor.** Contesten en español. *(Do the following problems in Spanish.)*

1. Suma 5 y 2.   5. Multiplica 5 por 3.
2. Suma 20 y 3.   6. Multiplica 9 por 4.
3. Resta 3 de 10.   7. Divide 9 entre 3.
4. Resta 8 de 25.   8. Divide 16 entre 2.

C **La cuenta, por favor.** Sumen.
(Add up the following bill in Spanish.)

Nº 002246   B

Restaurante Del Valle
Humilladero, 4 · Teléf. 366 90 25 · Madrid

MESA Núm. 1

2 de 10 de 1995	PESETAS
2 Cartas	
1 espinacas	—
1 Pastel verduras	550
1 Lenguado	550
1 Callos	1800
	1200
1 Ribera Duero	950
1 Sorbete	500
1 Sorbete champán	700
I. V. A. incluido TOTAL	6250

Culminación

A En el mercado   You are spending a semester studying in Spain. You are going to prepare a dinner for your "Spanish family." Decide what you need to buy at the market. Then have a conversation with a classmate who will be the clerk at the food store.

B En el café   Work with a classmate. One of you is the customer and the other is a waiter or waitress in a café. Have a conversation. Say as much as you can to each other.

JUEGO Una competición   Compete with a classmate. See which one of you can make up the most expressions using the following words.

un kilo

un paquete

una botella

una docena

una lata

una bolsa

Las Ramblas, Barcelona

Madrid, España

⟨ Actividad escrita ⟩

A. El menú Write a menu in Spanish for your school cafeteria.

Estepona, España

Writing Strategy

Clustering

Most writers brainstorm ideas before they begin to write. The next logical step is to "cluster" these ideas. This is done by writing down your main ideas and drawing a box around each one. Then draw a line indicating which ideas are connected to each other. Once you do this, it is easy to add other details to each cluster of ideas. When beginning to write, sort out your clusters and present each in a logical and organized paragraph.

Un restaurante bueno

You have been asked to write a short article about a Spanish restaurant in your community. If there isn't one where you live, make one up. Be sure to include the name of the restaurant, whether it's big or small, expensive or inexpensive, what you usually eat and drink there, whether the meals are good, and what the restaurant's specialty **(la especialidad)** is, if any.

Vocabulario

GETTING ALONG IN A CAFÉ

el café
la mesa
el/la mesero(a),
   el/la camarero(a)
el menú
la orden
la cuenta
libre

ocupado(a)
ver
leer
comer
beber
¿Qué desean Uds.?
¿Está incluido el servicio?

IDENTIFYING SNACKS AND BEVERAGES

los refrescos
una Coca-Cola
un café solo, con leche
un té helado
una limonada
el cereal
el pan tostado

un yogur
una sopa
un bocadillo,
   un sándwich
el jamón
el queso
una hamburguesa

papas fritas
una tortilla
una ensalada
el postre
un helado de vainilla,
   de chocolate
un pan dulce

SHOPPING FOR FOOD

el mercado
el supermercado
un bote, una lata
un paquete

una bolsa
un kilo
congelado(a)
vender

¿A cuánto está(n)?
algo más
nada más

IDENTIFYING FOODS AND MEALS

los vegetales
  los guisantes
  las habichuelas,
    los frijoles
  las judías verdes
  las zanahorias
  las papas
  la lechuga
las frutas
  las naranjas
  las manzanas
  los plátanos
  los tomates

la carne
el biftec
los mariscos
el pescado
el pollo
el huevo
el atún
el arroz
las comidas
el desayuno
el almuerzo
la cena

OTHER USEFUL EXPRESSIONS

juntos(as)
antes de
después de

enseguida
comprender
aprender

escribir
recibir
vivir

TECNOTUR

VIDEO

¡Buen viaje!

EPISODIO 5 ▶ En el café

Después de llegar a Madrid, Juan Ramón y Teresa comen en un café.

Después, van de compras a un mercado.

CD-ROM

Expansión cultural

La cocina española es muy variada y deliciosa.

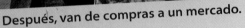

interNET
CONNECTION

In this video episode, Juan Ramón and Teresa have lunch at a café in Madrid and stop at the market on the way home to pick up a few things. To find out more about foods in the Spanish-speaking world, go to the **Capítulo 5** Internet activity at the **Glencoe Foreign Language Web site:**

http://www.glencoe.com/sec/fl

CAPÍTULO 6

La familia y su casa

Objetivos

In this chapter you will learn to do the following:

- ∾ talk about your family
- ∾ describe your home
- ∾ tell your age and find out someone else's age
- ∾ tell what you have to do
- ∾ tell what you are going to do
- ∾ tell what belongs to you and to others
- ∾ talk about families in Spanish-speaking countries

Vocabulario

La familia

los abuelos

Don Luis Guerrero

Doña Antonia Guerrero

el abuelo

la abuela

los padres

los tíos

Sr. Moliner

Sra. Moliner

Sr. Guerrero

Sra. Guerrero

el esposo, el marido

la esposa, la mujer

el tío

la tía

el padre

la madre

los hijos

Felipe

Verónica

Tomás

Isabel

el hijo

la hija

el sobrino

la sobrina

el hermano

la hermana

el primo

la prima

el nieto

la nieta

Tico

Merlín

el gato

el perro

Es la familia Moliner. Son de Quito.
El señor y la señora Moliner tienen
   dos hijos.
Tienen un hijo, Felipe, y una hija,
   Verónica.
Los Moliner tienen un gato, Tico.
La familia no tiene un perro.

¿Cuántos años tienen los hijos?
Felipe, el hijo, tiene dieciséis años.
Verónica, la hija, tiene catorce años.
Son jóvenes. No son viejos (ancianos).

el regalo

Hoy es el 28 de noviembre.
Es el cumpleaños de Verónica.
Los Moliner van a dar una fiesta
   para Verónica.
Van a invitar a todos sus parientes
   (los tíos, los abuelos) a la fiesta.
Los amigos van a llevar regalos
   para Verónica.

⟨Práctica⟩

Madrid, España

A HISTORIETA La familia Rodríguez de España

Contesten. *(Answer.)*

1. ¿Vive la familia Rodríguez en España?
2. ¿Tienen dos hijos los señores Rodríguez?
3. ¿Es grande o pequeña la familia Rodríguez?
4. ¿Cuántos años tiene Antonio?
5. ¿Cuántos años tiene Maricarmen?
6. ¿Tienen los Rodríguez un gato o un perro?

B Los parientes Completen. *(Complete.)*

1. El hermano de mi padre es mi _____.
2. La hermana de mi padre es mi _____.
3. El hermano de mi madre es mi _____.
4. La hermana de mi madre es mi _____.
5. El hijo de mi tío o de mi tía es mi _____.
6. La hija de mis tíos es mi _____.
7. Los hijos de mis tíos son mis _____.
8. Los padres de mis padres son mis _____.

C Y yo Escojan la respuesta correcta. *(Choose the correct completion.)*

1. Yo soy _____ de mis abuelos.
   a. el nieto   **b.** la nieta
2. Yo soy _____ de mis padres.
   a. el hijo   **b.** la hija
3. Yo soy _____ de mis tíos.
   a. el sobrino   **b.** la sobrina
4. Yo soy _____ de mis primos.
   a. el primo   **b.** la prima

Lima, Perú

D. HISTORIETA El cumpleaños de Luisa

Contesten según se indica. *(Answer according to the cues.)*

1. ¿Qué es hoy? (el cumpleaños de Luisa)
2. ¿Cuántos años tiene hoy? ¿Cuántos años cumple? (quince)
3. ¿Qué dan sus padres en su honor? (una fiesta)
4. ¿A quiénes invitan a la fiesta? (a sus amigos y a sus parientes)
5. ¿Qué va a recibir Luisa? (muchos regalos)

Actividades comunicativas

A. La familia Guzmán With a classmate, look at the picture of the Guzmán family. Take turns saying as much as you can about each person in the photo.

JUEGO **¿Cúal de los parientes es?** Give a definition in Spanish of a relative. Your partner will then tell which relative you're referring to. Take turns.

la madre de mi madre

Es la abuela.

Vocabulario

La casa

la casa

el jardín

el garaje

alrededor de

JUAN ELCANO

la calle

la recámara

el cuarto de baño

el cuarto

el dormitorio

la sala

la cocina

el comedor

Es la casa de la familia Moliner.
Alrededor de la casa hay un jardín.
El garaje está cerca de la casa.
Los Moliner viven en una casa
   privada (particular).
Tienen un carro.
El carro está en el garaje.
La casa está en la calle Juan Elcano.

La casa de los Moliner tiene siete cuartos.

el periódico

el libro

la revista

una emisión deportiva

las noticias

una película

Después de la cena, la familia va a la sala.
En la sala leen.
Y ven la televisión.

Una casa de apartamentos (departamentos)

el décimo piso

el noveno piso

el octavo piso

el séptimo piso

el sexto piso

el quinto piso

el cuarto piso

el tercer piso

el segundo piso

el primer piso

la planta baja

Los García tienen un apartamento en
el quinto piso.
Suben al apartamento en el ascensor.
No toman la escalera.
Toman el ascensor.

❖Práctica❖

A ⁓ HISTORIETA La casa de los Baeza

Contesten. *(Answer.)*

1. ¿Tienen los Baeza una casa bonita?
2. ¿En qué calle está la casa?
3. ¿Cuántos cuartos tiene la casa?
4. ¿Tiene dos pisos la casa?
5. ¿Qué cuartos están en la planta baja?
6. ¿Qué cuartos están en el primer piso?
7. ¿Tienen los Baeza un carro?
8. ¿Está en el garaje el carro?
9. ¿Está el garaje cerca de la casa?
10. ¿Hay un jardín alrededor de la casa?

Málaga, España

B ⁓ HISTORIETA Actividades en casa

Completen. *(Complete.)*

1. La familia prepara la comida en la _____.
2. La familia come en _____ o _____. A veces comen en _____ y a veces comen en _____.
3. Después de la cena, la familia va o pasa a _____.
4. En la sala leen _____, _____ o _____. No escriben cartas.
5. En la sala ven _____.
6. Ven _____, _____ o _____ en la televisión.

Madrid, España

C. ¿Es verdad o no? Contesten con **sí** o **no**.
(Answer with sí *or* no.*)*

1. Una casa pequeña tiene sólo dos cuartos.
2. Un apartamento grande tiene dos cuartos.
3. La casa de apartamentos es alta.
4. Una casa privada o particular tiene sólo uno o dos pisos y una casa de apartamentos tiene muchos pisos.
5. En una casa privada la familia sube de un piso a otro en el ascensor.
6. La familia toma la escalera para subir de un piso a otro en una casa particular.

Caraballeda, Venezuela

Buenos Aires, Argentina

El Viejo San Juan, Puerto Rico

Santiago, Chile

Actividades comunicativas

A. Mi casa Work with a classmate. One of you lives in a private house and the other lives in an apartment building. Ask each other as many questions as you can about your homes. Answer each other's questions, too.

B. La rutina de mi familia Get together with a classmate and discuss the routine your family follows after school or after work. You may want to use some of the following words.

escribir
mirar
ver
tomar
comer
preparar
leer

Estructura

Telling what you and others have
Presente de **tener**

1. The verb **tener** *(to have)* is irregular. Study the following forms.

INFINITIVE	tener
yo	tengo
tú	tienes
él, ella, Ud.	tiene
nosotros(as)	tenemos
vosotros(as)	*tenéis*
ellos, ellas, Uds.	tienen

2. You also use the verb **tener** to express age in Spanish.

¿Cuántos años tienes?
Tengo dieciséis años.
¿Cuántos años tiene Ud.?

Práctica

A **¿Cómo es tu familia?** Contesten personalmente.
(Answer these questions about yourself.)

1. ¿Tienes un hermano?
2. ¿Cuántos hermanos tienes?
3. ¿Tienes una hermana?
4. ¿Cuántas hermanas tienes?
5. ¿Tienes un perro?
6. ¿Tienes un gato?
7. ¿Tienes muchos amigos?
8. ¿Tienes una familia grande o pequeña?

¡NO VAYAS A TANTOS LUGARES
AQUI TENEMOS TODO!

EL PALACIO DE Vals
DE ROBEN SAINZ
EN MEXICO

PREGUNTA POR NUESTROS PAQUETES
"TODO INCLUIDO"

VESTIDO
MAQUILLAJE
PEINADO
MANICURE

CHAMBELANES
CADETES

VESTUARIOS

FILMACION
VIDEO-CLIP
FOTOGRAFO
FOTO-ESTUDIO
INVITACIONES

AUTO DEL AÑO
CALABAZA
LIMOUSINE
CARCACHA
O AUTO ANTIGUO

SALON DE FIESTAS
GRUPO
SONIDO
SHOW EN LA CENA
ARREGLOS FLORALES

MESAS
SILLAS
MANTELES
MESEROS
BANQUETES

B

¿Tienes un hermano? Practiquen la conversación.
(Practice the conversation.)

> Ernesto, ¿tienes un hermano?

> No, no tengo un hermano. Tengo una hermana.

> ¿Cuántos años tiene ella?

> Tiene catorce años.

> Y tú, ¿cuántos años tienes?

> Yo tengo dieciséis.

> ¿Uds. tienen un perrito?

> No, perrito no tenemos. Pero tenemos una gata adorable.

Ernesto y Teresa Hablen de Ernesto y Teresa.
(In your own words, tell all about Ernesto and Teresa.)

C

¿Qué tienes? Formen preguntas con **tienes.**
(Form questions with tienes.*)*

1. un hermano
2. una hermana
3. primos
4. un perro
5. un gato
6. muchos amigos

D

¿Qué tienen Uds.? Sigan el modelo.
(Follow the model.)

> **una casa o un apartamento**
> **Marcos y Adela, ¿ Uds. tienen una casa o un apartamento?**
> **Tenemos una casa. / Tenemos un apartamento.**

1. un perro o un gato
2. un hermano o una hermana
3. un sobrino o una sobrina
4. una familia grande o pequeña
5. una bicicleta o un carro
6. discos compactos o casetes

Santiago, Chile

Historieta La familia Sánchez

Completen con **tener.** (*Complete with* tener.)

Aquí _____ (nosotros) una foto de la familia Sánchez. La familia
    1
Sánchez _____ un piso (apartamento) muy bonito en Madrid. El piso
    2
_____ seis cuartos y está en Salamanca,
3
una zona bastante elegante de Madrid.
Los Sánchez _____ una casa de campo
    4
en Chinchón también. La casa de campo
en Chinchón es un pequeño chalé donde
los Sánchez pasan los fines de semana o
los *weekend* y sus vacaciones. La casa de
campo _____ cinco cuartos.
   5

Hay cuatro personas en la familia
Sánchez. Carolina _____ nueve años y
    6
su hermano Gerardo _____ once años.
    7

Gerardo y Carolina _____ un
    8
perrito encantador, Chispa.
Adoran a su Chispa.

¿Tú _____ un perro? ¿Tú
   9
_____ un gato? ¿Tu familia _____
10   11
un apartamento o una casa?
¿Uds. también _____ una casa
    12
de campo donde pasan los fines
de semana como los Sánchez?

La Plaza, Chinchón, España

⊰ Actividad comunicativa ⊱

A   **Tengo tres hermanos.**   With a classmate, take turns telling one
another some things about your family. Tell whether you have a large
or small family; tell the numbers of brothers and sisters you have and
their ages, etc.

Telling what you have to do and what you are going to do
Tener que; Ir a

1. **Tener que** + *infinitive* (**-ar, -er,** or **-ir** form of the verb) means "to have to."

> **Tengo que comprar un regalo.**

2. **Ir a** + *infinitive* means "to be going to." It is used to express what is going to happen in the near future.

> **Vamos a llegar mañana.**
> **Ella va a cumplir quince años.**

Al Cumplir Quince Años

Deseándote belleza, alegría, y amor en tus quince y siempre.

⋇Práctica⋇

A **HISTORIETA** ¡Cuánto tengo que trabajar!

Contesten personalmente. (*Answer these questions about yourself.*)

1. ¿Tienes que trabajar mucho en la escuela?
2. Antes de la apertura de clases, ¿tienes que comprar materiales escolares?
3. ¿Tienes que comprar ropa también?
4. ¿Tienes que estudiar mucho?
5. ¿Tienes que leer muchos libros?
6. ¿Tienes que tomar apuntes?
7. ¿Tienes que escribir mucho?

Aguilita LIBRETA DE APUNTES

B HISTORIETA Voy a dar una fiesta.

Contesten con **sí.** *(Answer with sí.)*

1. ¿Vas a dar una fiesta?
2. ¿Vas a dar la fiesta para Ángel?
3. ¿Ángel va a cumplir diecisiete años?
4. ¿Vas a invitar a sus amigos?
5. ¿Van Uds. a bailar durante la fiesta?
6. ¿Van a comer?

Estepona, España

C ¡Tenemos tanto que hacer! Sigan el modelo. *(Follow the model.)*

ver la televisión / preparar la comida
No vamos a ver la televisión porque tenemos que preparar
la comida.

1. escuchar discos compactos / estudiar
2. hablar por teléfono / escribir una composición
3. tomar seis cursos / sacar notas buenas
4. tomar apuntes / escuchar al profesor
5. ir a la fiesta / trabajar

Actividades comunicativas

A Tengo que...   Tell a classmate some things you have to do tomorrow. Then find out if he or she has to do the same things. Report your findings to the class.

B No voy a...   Tell a classmate some things you're not going to do tomorrow because you have to do something else. Tell what you have to do. Your classmate will let you know if he or she is in the same situation.

Actividades comunicativas

A **¿Qué casa?** You and your family are planning to spend a month in Peru. Which of the houses or apartments, as described in the newspaper ads, would suit your family best? Explain why.

B **¡Qué familia!** Work with a classmate. Make up an imaginary family. Describe each family member and tell what he or she has to do. Be as creative as possible.

PRONUNCIACIÓN

Las consonantes *b, v*

There is no difference in pronunciation between a **b** and a **v** in Spanish. The **b** or **v** sound is somewhat softer than the sound of an English *b*. When making this sound, the lips barely touch. Imitate the following carefully.

ba	be	bi	bo	bu
bajo	bebé	bicicleta	bonito	bueno
bastante	escribe	bien	recibo	bus
trabaja	recibe	biología	árbol	aburrido

va	ve	vi	vo	vu
vamos	verano	vive	vosotros	vuelo
nueva	venezolano	violín	voleibol	

Repeat the following sentences.

El joven vive en la avenida Bolívar en Bogotá.
Bárbara trabaja los sábados en el laboratorio de biología.
La joven ve la bicicleta nueva en la televisión.

Lecturas CULTURALES

Reading Strategy

Using background knowledge

When you are first assigned a reading, quickly look at the accompanying visuals to determine what the reading is about. Once you know what the topic is, spend a short time thinking about what you already know about it. If you do this, the reading will be easier to understand and you will more likely be able to figure out words you do not recognize.

LA FAMILIA HISPANA

Cuando un joven hispano habla de su familia, no habla solamente de sus padres y de sus hermanos. Habla de toda su familia—sus abuelos, tíos, primos, etc. Incluye también a sus padrinos—a su padrino y a su madrina.

¿Quiénes son los padrinos? Los padrinos son los que asisten al bebé durante el bautizo[1]. En là sociedad hispana, los padrinos forman una parte íntegra de la familia. Y la familia es una unidad muy importante en la sociedad hispana. Cuando hay una celebración familiar como un bautizo, una boda[2] o un cumpleaños, todos los parientes van a la fiesta. Y los padrinos también van a la fiesta.

[1]bautizo *baptism*
[2]boda *wedding*

Estepona, España

San Juan, Puerto Rico

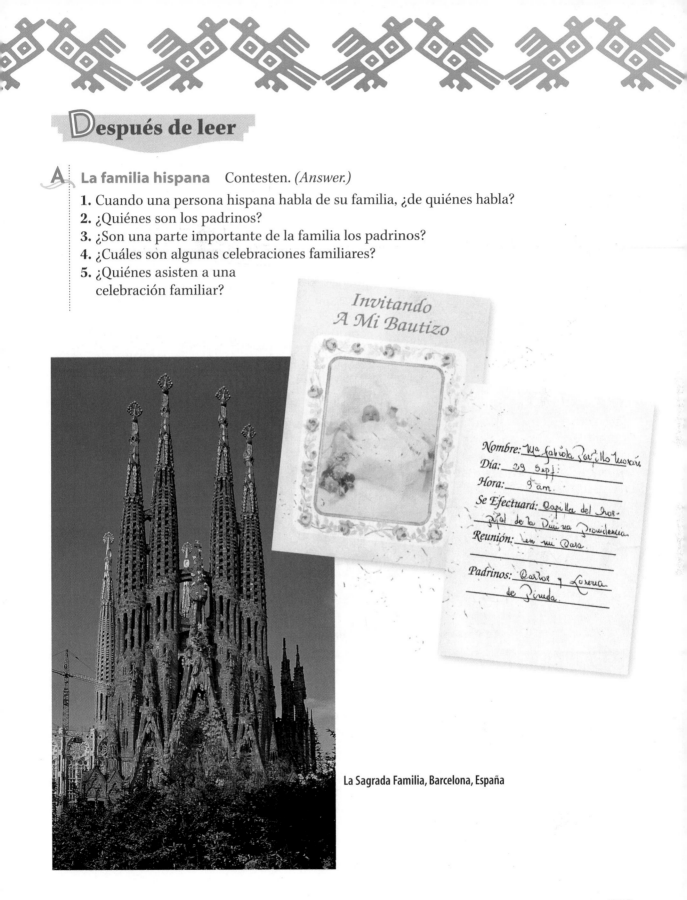

Después de leer

A **La familia hispana**   Contesten. *(Answer.)*

1. Cuando una persona hispana habla de su familia, ¿de quiénes habla?
2. ¿Quiénes son los padrinos?
3. ¿Son una parte importante de la familia los padrinos?
4. ¿Cuáles son algunas celebraciones familiares?
5. ¿Quiénes asisten a una celebración familiar?

Invitando A Mi Bautizo

Nombre: Ma. Fabiola Porrillo Morán
Día: 29 Sept.
Hora: 9 am
Se Efectuará: Capilla del Hospital de la Divina Providencia
Reunión: En mi casa
Padrinos: Carlos y Lorena de Pineda.

La Sagrada Familia, Barcelona, España

LA QUINCEAÑERA

En los Estados Unidos celebramos la *Sweet Sixteen*. La *Sweet Sixteen* es una fiesta en honor de la muchacha que cumple dieciséis años. En una familia hispana hay una gran celebración en honor de la quinceañera. ¿Quién es la quinceañera? La quinceañera es la muchacha que cumple quince años. La familia siempre da una gran fiesta en su honor. Todos los parientes y amigos asisten a la fiesta.

En Tus Quince Años

La quinceañera recibe muchos regalos. A veces los regalos son extraordinarios—como un viaje[1] a Europa o a los Estados Unidos, por ejemplo. Y si la quinceañera vive en los Estados Unidos es a veces un viaje a Latinoamérica o a España.

[1]viaje *trip*

Maracaibo, Venezuela

Después de leer

A **¿Una costumbre hispana o estadounidense?** Lean las frases. *(Read the statements and tell whether each more accurately describes a Hispanic or an American custom. In some cases, it may describe a custom of both cultures.)*

1. Dan una fiesta en honor de una muchacha que cumple quince años.
2. Dan una fiesta en honor de la muchacha que cumple dieciséis años.
3. La muchacha recibe regalos para su cumpleaños.
4. La fiesta es principalmente para los amigos jóvenes de la muchacha.
5. Toda la familia asiste a la fiesta—los abuelos, los tíos, los padrinos.

LAS MENINAS

Todos tenemos fotos de nuestra familia, ¿no? Muchos tenemos todo un álbum. No hay nada más adorable que la foto de un bebé—sobre todo (especialmente) si el bebé es un hijo, sobrino o nieto, ¿verdad?

Muchas familias tienen retratos[1] de su familia—sobre todo, las familias nobles. Aquí tenemos el famoso cuadro *Las Meninas*[2]. El cuadro *Las Meninas* es del famoso artista español del siglo XVII, el pintor Diego Velázquez.

En su cuadro, *Las Meninas,* vemos a la hija del Rey[3] con sus damas y su perro. Vemos al pintor mismo de pie delante de su caballete[4]. Y en el cuadro hay algo maravilloso. Más atrás en el espejo[5] vemos el reflejo del Rey y la Reina. En el cuadro vemos a toda la familia real[6]: al padre, el Rey; a la madre, la Reina; a la hija, la princesa.

[1]retratos *portraits*
[2]Las Meninas
 The ladies-in-waiting
[3]Rey *King*
[4]caballete *easel*
[5]espejo *mirror*
[6]real *royal*

«Las Meninas» de Diego Velázquez

Después de leer

A **Una familia real** Contesten. *(Answer.)*

1. ¿Qué tienen muchas familias?
2. ¿Qué es una colección de fotos?
3. ¿Son adorables las fotos de un bebé?
4. ¿Tienen muchas familias retratos familiares también?
5. ¿Quién es el pintor de *Las Meninas*?
6. ¿Es español o latinoamericano Velázquez?
7. La muchacha en el cuadro, ¿es hija de quién?
8. ¿Dónde está el pintor en el cuadro?
9. ¿De quiénes hay un reflejo en el espejo?
10. ¿A quiénes vemos en el cuadro?

B **Las Meninas** Busquen a las personas en el cuadro.
(Find the following people in the painting.)

1. el artista
2. la hija del Rey
3. las meninas o damas de la princesa
4. el Rey
5. el perro de la princesa
6. la madre de la princesa, la Reina

Conexiones

LAS BELLAS ARTES

EL ARTE

One may know a great deal or just a little about art. But almost everyone has at least some interest in art.

How often have we heard, "I may not know anything about art, but I certainly know what I like"?

There is no doubt that many of the world's great artists have come from Spain and Latin America. Do you recognize any of the following names?

El Greco, Velázquez, Murillo, Goya, Zurbarán, Sorolla, Picasso, Dalí, Miró, Rivera, Orozco, Siquieros, Kahlo, Tamayo, Botero.

Let's first read some information about art and then enjoy some famous works of Spanish and Latin American artists.

«Autorretrato» de Frida Kahlo

el lienzo

la materia

el pincel

la pintora

el caballete

la espátula

«El dos de mayo» de Francisco de Goya

«Zapatistas» de José Clemente Orozco

«El entierro del Conde de Orgaz»
de El Greco

La pintura

El pintor

Antes de pintar, el pintor o artista tiene que preparar su lienzo. Tiene que colocar el lienzo en el caballete. El pintor escoge o selecciona el medio en que va a pintar. Los medios más populares son la acuarela[1], el óleo y el acrílico. El artista aplica los colores al lienzo con un pincel o una espátula.

El motivo o tema

Para el observador, el individuo que mira el cuadro, el motivo o tema de una obra de arte es el principal elemento de interés. Es la materia que pinta el artista—una persona, un santo, una escena, una batalla, un paisaje[2].

El estilo

El estilo es el modo de expresión del artista. En términos generales, clasificamos el estilo en figurativo o abstracto. Una obra figurativa presenta una interpretación literal o realista de la materia. El observador sabe[3] enseguida lo que ve en el cuadro.

Una obra de arte abstracto enfatiza o da énfasis al diseño más que a la materia. El artista no pinta la escena misma. Pinta algo que representa la escena o materia. Aquí vemos unas obras famosas de algunos maestros de España y Latinoamérica.

[1]acuarela *watercolor*
[2]paisaje *landscape*
[3]sabe *knows*

Después de leer

A **Tu pintura favorita** Identifiquen el favorito. *(Identify your favorite.)*

Look at the paintings and tell which one is your favorite. Explain why it's your favorite. Do you think you prefer realistic art or abstract art?

Culminación

A **Fotos de la familia** Look at Anita Sepulveda's family photo album. Describe someone in the photos to a classmate. He or she will identify which person you're describing. Take turns.

B **Apartamentos** With a classmate, look at this plan of the fourth floor of an apartment building. A different family lives in each apartment. Give each family a name. Then say as much as you can about each family and their activities. Don't forget to describe their apartment. Give as many details as possible.

Actividades escritas

A. **Mi familia y yo** You plan to spend next year as an exchange student in Argentina. You have to write a letter about yourself and your family to the agency in your community that selects the exchange students. Make your description as complete as possible.

B. **Una fiesta** Look at the illustration of a birthday party. Write a paragraph about the party based on what you see.

C. **La quinceañera** Your best friend Anita will soon be fifteen years old. Write out an invitation to her birthday party.

Writing Strategy

Ordering details

There are several ways to order details when writing. The one you choose depends on your purpose for writing. When describing a physical place, sometimes it is best to use spatial ordering. This means describing things as they actually appear— from left to right, from back to front, from top to bottom, or any other combination of logical order that works.

La casa de mis sueños

Write a description of your dream house. Be as complete as you can.

La Granja de San Ildefonso, Segovia

Vocabulario

IDENTIFYING FAMILY MEMBERS

la familia	el/la nieto(a)
los parientes	el/la tío(a)
el padre	el/la sobrino(a)
la madre	el/la primo(a)
el esposo, el marido	el gato
la esposa, la mujer	el perro
el/la hijo(a)	joven
el/la hermano(a)	viejo(a), anciano(a)
el/la abuelo(a)	

TALKING ABOUT FAMILY AFFAIRS OR EVENTS

el cumpleaños	tener
el regalo	cumplir... años
la celebración	invitar

IDENTIFYING ROOMS OF THE HOUSE

la sala
el comedor
la cocina
el cuarto, el dormitorio, la recámara
el cuarto de baño

TALKING ABOUT A HOME

la casa	el piso
el apartamento, el departamento	el ascensor
	la escalera
la calle	privado(a), particular
el jardín	alrededor de
el garaje	cerca de
el carro	subir
la planta baja	

DISCUSSING SOME HOME ACTIVITIES

el periódico	la emisión deportiva
la revista	las noticias
el libro	ver la televisión
la película	escribir una carta

¡Buen viaje!

EPISODIO 6 ▶ La familia y su casa

Juan Ramón visita a la familia de Teresa.

Juan Ramón habla de las fotos de su familia que vive en Puerto Rico.

CD-ROM

Expansión cultural

La familia real de España

interNET CONNECTION

In this video episode Teresa's family welcomes Juan Ramón to their home in Madrid. To "rent" or "buy" your own house or apartment in a Spanish-speaking country, go to the **Capítulo 6** Internet activity at the **Glencoe Foreign Language Web site:**

http://www.glencoe.com/sec/fl

CAPÍTULO 7

Deportes de equipo

Objetivos

In this chapter you will learn to do the following:

- ∞ talk about team sports and other physical activities
- ∞ tell what you want to, begin to, and prefer to do
- ∞ talk about people's activities
- ∞ express what interests, bores, or pleases you
- ∞ discuss the role of sports in the Hispanic world

Vocabulario

El fútbol

el estadio

la cabeza

el espectador, la espectadora

la jugadora

el balón

el brazo

el campo de fútbol

la mano derecha

la mano izquierda

el portero, la portera

la portería

la pierna

la rodilla

el pie

el equipo

19 noviembre

Real Madrid vs Barcelona

Hay un partido hoy.
Hay un partido entre el Real Madrid
    y el Barcelona.
El Real Madrid juega contra el Barcelona.

el tablero indicador   el tanto

Los jugadores juegan (al) fútbol.
Un jugador lanza el balón.
Tira el balón con el pie.
El portero guarda la portería.

El segundo tiempo empieza.
Los dos equipos vuelven al campo.
El tanto queda empatado en cero.

El portero no puede bloquear (parar)
    el balón.
El balón entra en la portería.
González mete un gol.
Él marca un tanto.

El Real Madrid gana el partido.
El Barcelona pierde.
Pero el Barcelona no pierde siempre.
A veces gana.

⊰Práctica⊱

A HISTORIETA **Un partido de fútbol**

Contesten. *(Answer.)*

1. ¿Cuántos equipos de fútbol hay en el campo de fútbol?
2. ¿Cuántos jugadores hay en cada equipo?
3. ¿Qué tiempo empieza, el primero o el segundo?
4. ¿Vuelven los jugadores al campo cuando empieza el segundo tiempo?
5. ¿Tiene un jugador el balón?
6. ¿Lanza el balón con el pie o con la mano?
7. ¿Para el balón el portero o entra el balón en la portería?
8. ¿Mete el jugador un gol?
9. ¿Marca un tanto?
10. ¿Queda empatado el tanto?
11. ¿Quién gana, el Real Madrid o el Barcelona?
12. ¿Qué equipo pierde?
13. ¿Siempre pierde?

El estadio Atahualpa, Quito, Ecuador

B HISTORIETA El fútbol

Contesten según se indica. *(Answer according to the cues.)*

1. ¿Cuántos jugadores hay en el equipo de fútbol? (once)
2. ¿Cuántos tiempos hay en un partido de fútbol? (dos)
3. ¿Quién guarda la portería? (el portero)
4. ¿Cuándo mete un gol el jugador? (cuando el balón entra en la portería)
5. ¿Qué marca un jugador cuando el balón entra en la portería? (un tanto)
6. En el estadio, ¿qué indica el tablero? (el tanto)
7. ¿Cuándo queda empatado el tanto? (cuando los dos equipos tienen el mismo tanto)

El equipo de Chile, La Copa mundial

Actividad comunicativa

A Un partido de fútbol

Work with a classmate. Take turns asking and answering each other's questions about the illustration below.

Vocabulario

El béisbol

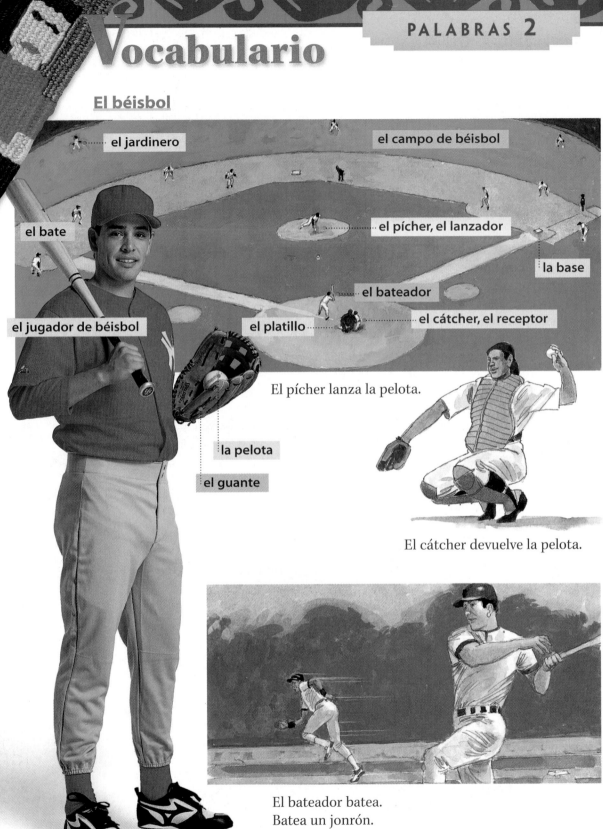

el jardinero

el campo de béisbol

el bate

el pícher, el lanzador

la base

el bateador

el jugador de béisbol

el platillo

el cátcher, el receptor

la pelota

el guante

El pícher lanza la pelota.

El cátcher devuelve la pelota.

El bateador batea.
Batea un jonrón.
El jugador corre de una base a otra.

	1 2 3 4 5 6 7 8 9 0
MARLINS	0 0 2 0 0 0 0 0 0
GIANTS	0 0 0 0 0 3 0 0 0

En un juego de béisbol hay nueve entradas.
Si después de la novena entrada el tanto queda
empatado, el partido continúa.

La jugadora atrapa la pelota.
Atrapa la pelota con el guante.

El básquetbol, El baloncesto

el cesto, la canasta

encestar

el balón

meter el balón
en el cesto

tirar el balón

driblar con
el balón

la cancha de
básquetbol

pasar el balón

⟡Práctica⟡

A HISTORIETA El béisbol

Escojan la respuesta correcta.
(Choose the correct answer.)

1. Juegan al béisbol en _____ de béisbol.
   a. un campo   **b.** una pelota
   c. una base

2. El pícher _____ la pelota.
   a. lanza   **b.** encesta   **c.** batea

3. El receptor atrapa la pelota en _____.
   a. una portería   **b.** un cesto
   c. un guante

4. El jugador _____ de una base a otra.
   a. tira   **b.** devuelve   **c.** corre

5. En un partido de béisbol hay _____ entradas.
   a. dos   **b.** nueve   **c.** once

Monterrey, México

B HISTORIETA El baloncesto

Contesten. *(Answer.)*

1. ¿Es el baloncesto un deporte de equipo o un deporte individual?

2. ¿Hay cinco o nueve jugadores en un equipo de baloncesto?

3. Durante un partido de baloncesto, ¿los jugadores driblan con el balón o lanzan el balón con el pie?

4. ¿El jugador tira el balón en el cesto o en la portería?

5. ¿El encestado (canasto) vale dos puntos o seis puntos?

San Juan, Puerto Rico

C ¿Qué deporte es? Escojan. *(Choose.)*

el béisbol

el baloncesto

el fútbol

1. El jugador lanza el balón con el pie.
2. Hay cinco jugadores en el equipo.
3. Hay nueve entradas en el partido.
4. El jugador corre de una base a otra.
5. El portero para o bloquea el balón.
6. El jugador tira el balón y encesta.

Actividad comunicativa

JUEGO **¿Qué deporte es?** Work with a classmate. Give him or her some information about a sport. He or she has to guess what sport you're talking about. Take turns.

4.490 pts.
Mochila +
zapatillero

UMBRO

¡OFERTA!
Por cada par de botas
GRATIS

MEDIAS
de
ESPAÑA

adidas

Bota Fútbol Sala
Torra Goal   4.995 pts.
REF. BZ010 DEL 39 AL 45

Bota Fútbol
Quito Liga   3.995 pts.
REF. BZ011 DEL 39 AL 45

Estructura

Telling what you want or prefer
Verbos de cambio radical e → ie en el presente

1. There are certain groups of verbs in Spanish that have a stem change in the present tense. The verbs **empezar** *(to begin)*, **comenzar** *(to begin)*, **querer** *(to want)*, **perder** *(to lose)*, and **preferir** *(to prefer)* are stem-changing verbs. The **e** of the stem changes to **ie** in all forms except **nosotros** and **vosotros.** The endings are the same as those of regular verbs. Study the following forms.

INFINITIVE	empezar	querer	preferir
yo	empiezo	quiero	prefiero
tú	empiezas	quieres	prefieres
él, ella, Ud.	empieza	quiere	prefiere
nosotros(as)	empezamos	queremos	preferimos
vosotros(as)	*empezáis*	*queréis*	*preferís*
ellos, ellas, Uds.	empiezan	quieren	prefieren

2. The verbs **empezar, comenzar, querer,** and **preferir** are often followed by an infinitive.

> **Ellos quieren ir al gimnasio.**
> **¿Por qué prefieres jugar al fútbol?**

¿Lo sabes?

Before an infinitive, **empezar** and **comenzar** require the preposition **a.** Ellos empiezan (comienzan) a jugar.

Lima, Perú

❖Práctica❖

A HISTORIETA Queremos ganar.

Contesten. *(Answer.)*

1. ¿Empiezan Uds. a jugar?
2. ¿Empiezan Uds. a jugar a las tres?
3. ¿Quieren Uds. ganar el partido?
4. ¿Quieren Uds. marcar un tanto?
5. ¿Pierden Uds. a veces o ganan siempre?
6. ¿Prefieren Uds. jugar en el parque o en la calle?

Buenos Aires, Argentina

B HISTORIETA El partido continúa.

Formen oraciones según el modelo.
(Form sentences according to the model.)

el segundo tiempo / empezar
El segundo tiempo empieza.

1. los jugadores / empezar a jugar
2. los dos equipos / querer ganar
3. ellos / preferir marcar muchos tantos
4. Sánchez / querer meter un gol
5. el portero / querer parar el balón
6. el equipo de Sánchez / no perder

C HISTORIETA ¿Un(a) aficionado(a) a los deportes?

Contesten personalmente.
(Answer these questions about yourself.)

1. ¿Prefieres jugar al béisbol o al fútbol?
2. ¿Prefieres jugar con un grupo de amigos o con un equipo formal?
3. ¿Prefieres jugar en el partido o prefieres mirar el partido?
4. ¿Prefieres ser jugador(a) o espectador(a)?
5. ¿Siempre quieres ganar?
6. ¿Pierdes a veces?

D HISTORIETA ¿Baloncesto o béisbol?

Completen. *(Complete.)*

Rosita _____ (querer) jugar al baloncesto. Yo _____ (querer) jugar al
béisbol. Y tú, ¿_____ (preferir) jugar al baloncesto o _____ (preferir)
jugar al béisbol? Si tú _____ (querer) jugar al béisbol, tú y yo _____
(ganar) y Rosita _____ (perder). Pero si tú _____ (querer) jugar al
baloncesto, entonces tú y Rosita _____ (ganar) y yo _____ (perder).

Actividad comunicativa

A ¿Qué prefieres?

With a partner, look at the illustrations below.
They each depict two activities. Find out from your partner which
activity he or she prefers to do and which one he or she doesn't want
to do. Take turns.

1.

2.

3.

4.

5.

Describing more activities
Verbos de cambio radical o → ue en el presente

1. The verbs **volver** *(to return to a place),* **devolver** *(to return a thing),* **poder** *(to be able),* and **dormir** *(to sleep)* are also stem-changing verbs. The **o** of the stem changes to **ue** in all forms except **nosotros** and **vosotros.** The endings are the same as those of regular verbs. Study the following forms.

INFINITIVE	volver	poder	dormir
yo	vuelvo	puedo	duermo
tú	vuelves	puedes	duermes
él, ella, Ud.	vuelve	puede	duerme
nosotros(as)	volvemos	podemos	dormimos
vosotros(as)	*volvéis*	*podéis*	*dormís*
ellos, ellas, Uds.	vuelven	pueden	duermen

2. The **u** in the verb **jugar** changes to **ue** in all forms except **nosotros** and **vosotros.**

jugar   **juego, juegas, juega, jugamos, *jugáis*, juegan**

¿Lo sabes?

Jugar is sometimes followed by **a** when a sport is mentioned. Both of the following are acceptable.
Juegan al fútbol.
Juegan fútbol.

✦Práctica✦

A HISTORIETA Un partido de béisbol

Contesten. *(Answer.)*

1. ¿Juegan Uds. al béisbol?
2. ¿Juegan Uds. con unos amigos o con el equipo de la escuela?
3. ¿Vuelven Uds. al campo después de cada entrada?
4. ¿Pueden Uds. continuar el partido si el tanto queda empatado después de la novena entrada?
5. ¿Duermen Uds. bien después de un buen partido de béisbol?

La Liga mexicana

B HISTORIETA En la clase de español

Contesten. *(Answer.)*

1. ¿Juegas al Bingo en la clase de español?
2. ¿Juegas al Loto en la clase de español?
3. ¿Puedes hablar inglés en la clase de español?
4. ¿Qué lengua puedes o tienes que hablar en la clase de español?
5. ¿Duermes en la clase de español?
6. ¿Devuelve el/la profesor(a) los exámenes pronto?

Una clase de español en los Estados Unidos

C HISTORIETA Sí, pero ahora no puede.

Completen. *(Complete.)*

Yo _____ (jugar) mucho al fútbol y Diana _____ (jugar) mucho
  1   2
también, pero ahora ella no _____ (poder).
                              3

—Diana, ¿por qué no _____ (poder) jugar ahora?
                      4

—No _____ (poder) porque _____ (querer) ir a casa.
     5   6

Sí, Diana _____ (querer) ir a casa
           7
porque ella _____ (tener) un amigo
             8
que _____ (volver) hoy de Puerto
     9
Rico y ella _____ (querer) estar en
             10
casa. Pero mañana todos nosotros
_____ (ir) a jugar. Y el amigo
 11
puertorriqueño de Diana _____
                         12
(poder) jugar también. Su amigo
_____ (jugar) muy bien.
 13

San Juan, Puerto Rico

Actividad comunicativa

A Quiero pero no puedo. A classmate will ask you if you want to do something or go somewhere. Tell him or her that you want to but you can't because you have to do something else. Tell what it is you have to do. Take turns asking and answering the questions.

Actividades comunicativas

A **No soy muy aficionado(a) a...** Work with a classmate. Tell him or her what sport you don't want to play because you don't like it. Tell what you prefer to play. Then ask your classmate questions to find out what sports he or she likes.

B **Un partido de fútbol** You are at a soccer match with a friend (your classmate). He or she has never been to a soccer match before and doesn't understand the game. Your friend has a lot of questions. Answer the questions and explain the game. You may want to use some of the following words.

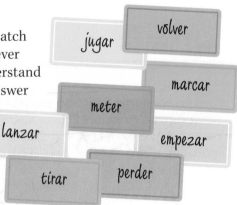

jugar · volver · marcar · meter · empezar · lanzar · ganar · tirar · perder

PRONUNCIACIÓN

Las consonantes s, c, z

The consonant **s** is pronounced the same as the *s* in *sing*. Repeat the following.

sa	se	si	so	su
sala	base	sí	peso	su
pasa	serio	simpático	sopa	Susana
saca	seis	siete	sobrino	

The consonant **c** in combination with **e** or **i** (**ce, ci**) is pronounced the same as an **s** in all areas of Latin America. In many parts of Spain, **ce** and **ci** are pronounced like the *th* in English. Likewise, the pronunciation of **z** in combination with **a, o, u** (**za, zo, zu**) is the same as an **s** throughout Latin America and as a **th** in most areas of Spain. Repeat the following.

za	ce	ci	zo	zu
cabeza	cero	cinco	zona	zumo
empieza	encesta	ciudad	almuerzo	Zúñiga

Repeat the following sentences.

González enseña en la sala de clase.
El sobrino de Susana es serio y sincero.
La ciudad tiene cinco zonas.
Toma el almuerzo a las doce y diez en la cocina.

Lecturas CULTURALES

Reading Strategy

Scanning for specific information

Scanning for specific information means reading to find out certain details without concerning yourself with the other information in the passage. Some examples of scanning are looking up words in a dictionary or searching a television listing to find out when certain programs are on. Another example of scanning is reading articles to find out something specific, such as sports results.

EL FÚTBOL

La Liga española

Estamos en el estadio Santiago Bernabéu en Madrid. ¡Qué emoción! El Real Madrid juega contra el Atlético de Madrid. Quedan[1] dos minutos en el segundo tiempo. El partido está empatado en cero. ¿Qué va a pasar[2]? Da Silva pasa el balón a Casero. Casero lanza el balón con el pie izquierdo. El balón vuela[3]. El portero quiere parar el balón. ¿Puede o no? No, no puede. El balón entra en la portería. Casero mete un gol y marca un tanto. En los últimos dos minutos del partido, el equipo de Casero y da Silva gana. El Real Madrid derrota[4] al Atlético de Madrid uno a cero. El Real Madrid es triunfante, victorioso. Casero y da Silva son sus héroes.

La Copa mundial

Casero y da Silva son jugadores muy buenos y van a jugar en la Copa mundial. Pero da Silva no va a jugar con el mismo equipo que Casero. ¿Por qué? Porque da Silva no es español. Es del Brasil y en la Copa él va a jugar con el equipo del Brasil. Casero va a jugar con el equipo de España porque es español.

Cada cuatro años las estrellas[5] de cada país forman parte de un equipo nacional. Hay treinta y dos equipos nacionales que juegan en la Copa mundial. Los equipos de los treinta y dos países de todas partes del mundo compiten[6] para ganar la Copa y ser el campeón del mundo.

[1]Quedan *Remain*
[2]pasar *happen*
[3]vuela *flies*
[4]derrota *defeats*
[5]estrellas *stars*
[6]compiten *compete*

El estadio Santiago Bernabéu

Después de leer

A. Lo mismo   Escojan la palabra equivalente.
(Choose the equivalent term.)

1. la mayoría
2. el vocabulario
3. lanzar
4. el campeón
5. triunfante
6. el jugador
7. parar

a. victorioso
b. tirar
c. el o la que gana
d. la mayor parte
e. no permitir pasar, bloquear
f. las palabras
g. el miembro del equipo

B. Lo contrario   Escojan lo contrario. *(Choose the opposite.)*

1. el/la jugador(a)
2. últimos
3. izquierdo
4. gana
5. entra

a. primeros
b. derecho
c. el/la espectador(a)
d. pierde
e. sale

C. HISTORIETA El partido de fútbol

Contesten. *(Answer.)*

1. ¿A qué juegan los dos equipos?
2. ¿Cuántos minutos quedan en el segundo tiempo?
3. ¿Quién pasa el balón?
4. ¿Quién lanza el balón?
5. ¿Cómo lanza el balón?
6. ¿Puede parar el balón el portero?
7. ¿Qué mete Casero?
8. ¿Qué marca?
9. ¿Qué equipo es victorioso?
10. ¿Quiénes son los héroes?

La Copa de la FIFA

D. La Copa mundial   Digan que sí o que no.

1. Los equipos juegan en la Copa mundial cada año.
2. Todos los jugadores de un equipo son de la misma nacionalidad.
3. Cada equipo que juega en la Copa representa un país.
4. Los equipos de veintidós naciones juegan en la Copa mundial.
5. Todos los equipos son de Europa.

La Argentina vs. Croatia

La Liga mexicana

DEPORTES POPULARES

El fútbol

El fútbol es un deporte muy popular en todos los países hispanos. Los equipos nacionales tienen millones de aficionados. Cuando el equipo de un país juega contra el equipo de otro país, el estadio está lleno[1] de espectadores.

El béisbol

El béisbol no es un deporte popular en todos los países hispanos. Es popular en sólo algunos. El béisbol tiene o goza de popularidad en Cuba, Puerto Rico, la República Dominicana, Venezuela, Nicaragua, México y Panamá. Como el béisbol es esencialmente un deporte norteamericano, la mayoría del vocabulario del béisbol es inglés: las bases, el pícher, el out, el jonrón.

Muchos jugadores de béisbol de las Grandes Ligas son hispanos. Entre 1919 y hoy más de cien jugadores latinos juegan en la Serie Mundial.

[1]lleno *full*

Después de leer

A ¿Es la verdad o no? Contesten con **sí** o **no.** (*Answer with* sí *or* no.)

1. El fútbol es un deporte popular en todas partes de Latinoamérica.
2. Casi todos los países tienen su equipo nacional de fútbol.
3. Cuando un equipo nacional juega contra otro equipo nacional—un equipo de otro país—hay muy poca gente en el estadio; hay muy pocos espectadores.
4. El béisbol es también un deporte popular en todos los países hispanos.
5. El béisbol es muy popular en los países del Caribe.
6. Muchos beisbolistas famosos de las Grandes Ligas de los Estados Unidos son de origen hispano o latino.

B Las nacionalidades Completen. (*Complete.*)

1. Un puertorriqueño es de _____.
2. Un cubano es de _____.
3. Un panameño es de _____ y un nicaragüense es de _____.
4. Un mexicano es de _____ y un dominicano es de la _____.

Actividades escritas

A. Un reportaje Work in groups of three. One of you is the captain of one of the school's teams. The other two are sports reporters for a Spanish newspaper. The two reporters will prepare an interview with the captain about the team's last game. The reporters will edit the information they get from the interview and write their report for tomorrow's paper. The report can be in the present tense.

B. Horario deportivo There are several exchange students from Latin America at your school. Prepare for them your school's schedule of sporting events for the coming month. Prepare the chart in Spanish so they can refer to it easily.

DEPORTES

FÚTBOL

Los siguientes partidos de FÚTBOL corresponden a la Liga Nacional de Primera División.
Se recomienda consulten fechas por posibles cambios de fechas. / Please check dates for any changes.

• ESTADIO SANTIAGO BERNABÉU
P.º DE LA CASTELLANA, 104.
TEL.: 91 344 00 52. (METRO: SANTIAGO BERNABÉU).

4 Oct.
Real Madrid - Tenerife.

25 Oct.
Real Madrid - Racing.

• ESTADIO VICENTE CALDERÓN
VIRGEN DEL PUERTO, 67.
TEL.: 91 366 47 07. (METRO: PIRÁMIDES Y MARQUÉS DE VADILLO).

18 Oct.
Atlético de Madrid - Tenerife.

Writing Strategy

Gathering information

*I*f your writing project deals with a topic you are not familiar with, you may need to gather information before you begin to write. Some of your best sources are the library, the Internet, and people who know something about the topic. Even if you plan to interview people about the topic, it may be necessary to do some research in the library or on the Internet to acquire enough knowledge to prepare good interview questions.

La Copa mundial

Many of you already know that the World Cup is a soccer championship. Try to give a description of the World Cup as best you can in Spanish. If you are not familiar with it, you will need to do some research. It might be interesting to take what you know or find out about the World Cup and compare it to the World Series in baseball. Gather information about both these championships and write a report.

Vocabulario

IDENTIFYING SPORTS

el fútbol
el béisbol

el básquetbol,
   el baloncesto

DESCRIBING A SPORTS EVENT IN GENERAL

el estadio	el equipo	lanzar
el/la espectador(a)	el tablero indicador	perder
el campo	el tanto	ganar
la cancha	empatado(a)	entre
el partido	empezar, comenzar	contra
el/la jugador(a)	tirar	

DESCRIBING A FOOTBALL GAME

el fútbol	la portería	parar
el balón	jugar	marcar un tanto
el tiempo	bloquear	meter un gol
el/la portero(a)		

DESCRIBING A BASEBALL GAME

el béisbol	el platillo	el bate
el/la bateador(a)	el jonrón	batear
el pícher, el lanzador	la base	correr
el cátcher, el receptor	la entrada	atrapar
el jardinero	la pelota	devolver
el guante		

DESCRIBING A BASKETBALL GAME

el básquetbol,	driblar	encestar
el baloncesto	pasar	meter
el cesto, la canasta		

EXPRESSING LIKES AND INTERESTS

gustar   interesar   aburrir

IDENTIFYING SOME PARTS OF THE BODY

el pie	la rodilla	el brazo
la pierna	la mano	la cabeza

OTHER USEFUL EXPRESSIONS

poder	preferir	izquierdo(a)
querer	a veces	derecho(a)
volver	siempre	

VIDEO

¡Buen viaje!

EPISODIO 7 ▶ Deportes de equipo

Luis y Cristina visitan la pintoresca comunidad de Coyoacán, México.

También juegan al fútbol con unos amigos.

CD-ROM

Expansión cultural

El famoso estadio Azteca en la Ciudad de México

interNET CONNECTION

In this video episode Luis and Cristina talk about sports—which ones they like to play and which ones are popular in their countries. To find out more about sports in the Spanish-speaking world, go to the **Capítulo 7** Internet activity at the **Glencoe Foreign Language** Web site:

http://www.glencoe.com/sec/fl

Repaso CAPÍTULOS 5–7

Conversación

Un partido importante

JULIO: Alberto, Carlos y yo vamos al Café Miramar. ¿Quieres ir con nosotros?

ALBERTO: No, Julio, no puedo porque quiero ver el partido.

JULIO: ¿De qué partido hablas?

ALBERTO: Los Osos juegan contra los Tigres y mi equipo favorito son los Osos.

JULIO: ¿Vas al estadio a ver el partido?

ALBERTO: No. Las entradas (los boletos) cuestan mucho. Voy a ver el partido en la televisión.

JULIO: ¿A qué hora empieza?

ALBERTO: A las siete y media. ¿Quieres ver el partido también?

JULIO: Sí. ¿Dónde vives?

ALBERTO: Vivo en la calle Central, número 32.

JULIO: Bien. ¡Hasta pronto!

Después de conversar

A Los tres amigos   Contesten. *(Answer.)*

1. ¿Adónde quieren ir los dos muchachos?
2. ¿Invitan a Alberto?
3. ¿Puede ir Alberto?
4. ¿Por qué no?
5. ¿Por qué no va al estadio?
6. ¿Dónde va a ver el partido?
7. ¿A qué hora empieza?
8. ¿Van los muchachos a casa de Alberto?

Estructura

Verbos en -er, -ir

Review the forms of regular **-er** and **-ir** verbs.

COMER	como	comes	come	comemos	*coméis*	comen
VIVIR	vivo	vives	vive	vivimos	*vivís*	viven

✥Práctica✥

A **Tú y tus amigos** Contesten. *(Answer.)*

1. ¿Qué comes cuando vas a un café?
2. ¿Qué bebes cuando estás en un café?
3. ¿Qué aprenden tú y tus amigos en la escuela?
4. ¿Qué leen Uds. en la clase de inglés?
5. ¿Qué escriben Uds.?
6. ¿Comprenden los alumnos cuando el profesor de español habla?
7. ¿Reciben Uds. notas buenas en todas las asignaturas?

Verbos de cambio radical

1. Review the forms of stem-changing verbs.

e → ie

EMPEZAR	empiezo	empiezas	empieza	empezamos	*empezáis*	empiezan
PERDER	pierdo	pierdes	pierde	perdemos	*perdéis*	pierden

o → ue

VOLVER	vuelvo	vuelves	vuelve	volvemos	*volvéis*	vuelven
PODER	puedo	puedes	puede	podemos	*podéis*	pueden

2. Review the forms of the verb **tener.** Note that this verb also has a change in the stem.

TENER	tengo	tienes	tiene	tenemos	*tenéis*	tienen

Práctica

B **HISTORIETA** Un juego de béisbol

Completen. *(Complete.)*

El juego de béisbol _____ (empezar) a las tres y media. Habla Teresa:
—Hoy yo _____ (querer) ser la pícher.
La verdad es que Teresa _____ (ser) una pícher muy buena. Ella
_____ (jugar) muy bien. Nosotros _____ (tener) un equipo bueno. Todos
nosotros _____ (jugar) bien. Nuestro equipo no _____ (perder) mucho.
Hoy yo _____ (tener) que jugar muy bien porque nuestro equipo no
_____ (poder) perder. _____ (Tener) que ganar.

C **Entrevista** Contesten personalmente. *(Answer.)*

1. ¿Cuántos años tienes?
2. ¿Cuántos hermanos tienes?

3. ¿Cuántos años tienen ellos?
4. ¿Tienen Uds. un perro o un gato?

Adjetivos posesivos

Review the forms of possessive adjectives

mi, mis	nuestro, nuestra, nuestros, nuestras
tu, tus	
su, sus	su, sus

Práctica

D **HISTORIETA** Nuestra casa

Completen. *(Complete.)*

Vivo en _____. _____ casa está
en la calle _____. _____ padres

La Ciudad de México

tienen un carro. Y yo tengo una bicicleta. _____ carro está en el garaje
y _____ bicicleta está en el garaje también. Nosotros tenemos un perro.
_____ perro está en el jardín. El jardín alrededor de _____ casa es
bonito. Mi hermano y _____ amigos siempre juegan en el jardín.

Verbos como **interesar, aburrir, gustar**

Review the construction for verbs such as **gustar, interesar,** and **aburrir.**

¿Te gusta el arte?
{
Sí, me gusta el arte.
El arte me interesa mucho.
No me aburre nada.
}

¿Te gustan los deportes?
{
Los deportes, sí, me gustan mucho.
Los deportes me interesan.
No me aburren nada.
}

Práctica

E **Información** Den cuantas respuestas posibles.
(Give as many answers as possible.)

1. ¿Qué te gusta?   3. ¿Qué te aburre?
2. ¿Qué te interesa?

Actividad comunicativa

A **Una fiesta familiar** With a classmate, look at the illustration. Take turns describing the illustration, giving as much detail as you can.

1. Plaza Mayor, Salamanca
2. Casares, Pueblo blanco, Andalucía
3. Romería, Sevilla
4. Arcos de la mezquita de Córdoba
5. El Alcázar de Segovia
6. Escuela andaluza del arte ecuestre, Jerez

1

2

3

6

222

NATIONAL GEOGRAPHIC

VISTAS
DE ESPAÑA

4

5

1

3

2

6

7

el mantel

El señor esconde la moneda.
Mete la moneda debajo del mantel.

El señor levanta el mantel.
Debajo del mantel hay dinero.
El señor está muy alegre.

un juguete

Es la Navidad.
El señor recoge el juguete.
La niña está dormida.

⁘Práctica⁘

A ¿Sabes la palabra? Escojan.

1. El _____ de diciembre es la Navidad.
   a. veinticinco **b.** veinticuatro

2. Los niños reciben _____ para la Navidad.
   a. sillas **b.** juguetes

3. Él tiene que coser el bolsillo porque tiene _____.
   a. un agujero **b.** una moneda

4. El señor no pierde la moneda. _____ la moneda.
   a. Busca **b.** Halla

5. La señora cuelga _____ en la silla.
   a. el chaleco **b.** el mantel

6. ¿Ellos van a ver la moneda? No, no quiero. Voy a _____ la moneda.
   a. recoger **b.** esconder

7. En la mano hay cinco _____.
   a. monedas **b.** dedos

B La moneda Contesten.

1. ¿Dónde está el señor? (en el parque)

2. ¿Qué parte del día es? (la noche)

3. ¿Qué halla el señor? (una moneda)

4. ¿Recoge la moneda? (sí)

5. ¿De qué es la moneda? (de oro)

6. ¿Qué refleja la moneda? (la luna)

«UNA MONEDA DE ORO»
de Francisco Monterde

INTRODUCCIÓN Francisco Monterde es de México. Nace en 1894. Es poeta, dramaturgo y novelista. Es también cuentista. Publica una colección de cuentos[1] en 1943. Sus cuentos presentan un estudio serio de la historia de México.

Aquí tenemos el cuento «Una moneda de oro». Es un cuento sencillo[2] y tierno[3]. El autor habla de una pobre familia mexicana del campo.

[1]**cuentos** *stories*   [2]**sencillo** *simple*   [3]**tierno** *tender*

«Una moneda de oro»

◆1◆

Es una Navidad alegre para el pobre. El pobre es Andrés. No tiene dinero y no tiene trabajo desde el otoño.

Es temprano por la noche. Andrés pasa por el parque. En el suelo ve una moneda que refleja la luz de la luna. —¿Es una moneda de oro?—pregunta Andrés. —Pesa° mucho. ¡Imposible! No puede ser una moneda de oro. Es sólo una medalla.

Andrés sale del parque y examina la moneda. No, no es una medalla. Es realmente una moneda de oro. Andrés acaricia° la moneda. ¡Es muy agradable su contacto!

Pesa *It weighs*

acaricia *caresses*

◆2◆

Con la moneda entre los dedos, mete la mano derecha en el bolsillo de su pantalón. No, no puede meter la moneda en el bolsillo. Tiene miedo° de perder la moneda. Examina el bolsillo. No, no tiene agujeros. No hay problema. Puede meter la moneda en el bolsillo. No va a perder la moneda.

Andrés va a casa a pie. Anda rápido. La moneda de oro salta° en el bolsillo. El pobre Andrés está muy contento.

Luego tiene una duda. ¿Es falsa la moneda? Andrés tiene una idea. Va a entrar en una tienda. Va a comprar algo. Y va a pagar con la moneda. Si el dependiente acepta la moneda, es buena, ¿no? Y si no acepta la moneda, ¿qué? Andrés reflexiona. No, no va a ir a la tienda. Prefiere ir a casa con la moneda. Su mujer va a estar muy contenta.

Tiene miedo *He is afraid*

salta *jumps around*

Su casa es una casa humilde. Tiene sólo dos piezas o cuartos. Cuando llega a casa, su mujer no está. No está porque cada día tiene que ir a entregar° la ropa que cose para ganar unos pesos.

entregar *return, deliver*

Andrés enciende una luz. Pone la moneda en la mesa. En unos momentos oye° a su mujer y a su hija. Ellas vuelven a casa. Esconde la moneda debajo del mantel.

oye *he hears*

La niña entra. Andrés toma la niña en sus brazos. Luego llega su mujer. Tiene una expresión triste y melancólica. —¿Tienes trabajo?—pregunta ella. —Hoy no puedo comprar pan. No me pagan cuando entrego la costura°.

costura *sewing*

Andrés no contesta. Levanta el mantel. Su mujer ve la moneda. Toma la moneda en las manos. —¿Quién te da la moneda?

—Nadie°—Andrés habla con su mujer. Explica cómo halla la moneda en el parque.

Nadie *No one*

La niña toma la moneda y empieza a jugar con la moneda. Andrés tiene miedo. No quiere perder la moneda. Puede irse por° un agujero.

irse por *slip through*

Andrés toma la moneda y pone la moneda en uno de los bolsillos de su chaleco. —¿Qué compramos con la moneda?—pregunta Andrés.

—No compramos nada. Tenemos que pagar mucho—suspira su mujer.

—Debemos° mucho.

Debemos *We owe*

—Es verdad—contesta Andrés. —Pero hoy es Nochebuena°. Tenemos que celebrar.

Nochebuena *Christmas Eve*

—No—contesta su mujer. —Primero tenemos que pagar el dinero que debemos.

Una casa humilde, México

Andrés está un poco malhumorado. Se quita° el chaleco y el saco. Cuelga el chaleco y el saco en la silla.

—Bueno, Andrés. Si quieres, puedes ir a comprar algo. Pero tenemos que guardar lo demás°.

Andrés acepta. Se pone° el chaleco y el saco y sale de casa.

◆4◆

En la calle Andrés ve a su amigo Pedro.

—¿Adónde vas? ¿Quieres ir a tomar algo?

Andrés acepta. Los amigos pasan un rato en un café pequeño. Beben y hablan. Y luego Andrés sale. Va a la tienda. Sólo va a comprar comida para esta noche. Y un juguete para la niña.

Andrés compra primero los alimentos. El paquete está listo°. Andrés busca la moneda. Busca en el chaleco. No está. Busca en el saco. No está. Busca en su pantalón. La moneda no está en ninguno de sus bolsillos. El pobre Andrés está lleno de terror. Tiene que salir de la tienda sin la comida.

Una vez más está en la calle. Vuelve a casa. Llega a la puerta. No quiere entrar. Pero tiene que entrar. Entra y ve a la niña dormida con la cabeza entre los brazos sobre la mesa. Su mujer está cosiendo a su lado.

—La moneda...

—¿Qué?

—No tengo la moneda.

—¿Cómo?

La niña sobresalta°. Abre los ojos. Baja los brazos y bajo la mesa Andrés y su mujer oyen el retintín° de la moneda de oro.

¡Qué contentos están Andrés y su mujer! Recogen la moneda que la niña había escamoteado° del chaleco cuando estaba colgado en la silla.

Se quita *He takes off*

guardar lo demás *keep the rest*
Se pone *He puts on*

listo *ready*

sobresalta *jumps up*
retintín *jingle*
había escamoteado *had secretly taken out*

Después de leer

A **Comprensión** Contesten.

1. ¿Quién es el pobre?
2. ¿Por qué no tiene dinero?
3. ¿Por dónde pasa Andrés?
4. ¿Qué ve en el suelo?
5. ¿Es una moneda de oro o es una medalla?

B **Andrés y la moneda** Escojan.

1. ¿Por qué no debe Andrés meter la moneda en el bolsillo de su pantalón?
   a. Porque el bolsillo tiene un agujero.
   b. Porque puede perder la moneda.
   c. Porque la moneda es muy grande.

2. Cuando Andrés examina el bolsillo, ¿qué decide?

    a. Puede meter la moneda en el bolsillo porque no tiene agujero.

    b. Va a perder la moneda.

    c. La moneda de oro es sólo una medalla.

3. ¿Cómo va Andrés a casa?

    a. Salta.

    b. A pie y rápido.

    c. Con miedo.

4. ¿Qué duda tiene Andrés?

    a. Si tiene que comprar algo.

    b. Si la moneda es falsa o no.

    c. Si su pantalón tiene un agujero.

5. Si compra algo en una tienda, ¿por qué quiere pagar con la moneda?

    a. Si el dependiente acepta la moneda, no es falsa.

    b. Porque la moneda es falsa y Andrés no quiere la moneda.

    c. Porque no tiene dinero.

6. ¿Qué decide Andrés?

    a. Decide que la moneda es falsa.

    b. Decide que no necesita nada.

    c. Decide que no va a la tienda. Prefiere ir a casa.

C **¿Sí o no?** Digan que sí o que no.

1. La casa de Andrés es muy humilde.
2. La casa tiene cuatro piezas.
3. Cuando llega Andrés, su mujer cose.
4. Su mujer cose para ganar dinero.
5. Su mujer y su hija vuelven a casa.
6. Andrés toma a su mujer en sus brazos.
7. Su mujer está muy contenta.
8. Hoy ella compra pan.
9. Cuando Andrés levanta el mantel, su mujer ve la moneda.
10. La niña empieza a jugar con la moneda.
11. Andrés quiere comprar algo para celebrar la Navidad.
12. Su mujer quiere comprar mucho.
13. Por fin Andrés puede ir a la tienda a comprar algo.

D **Andrés sale.** Contesten.

1. ¿A quién ve Andrés en la calle?
2. ¿Adónde van los dos?
3. Luego, ¿adónde va Andrés?
4. ¿Qué va a comprar?
5. ¿Qué busca Andrés?
6. ¿Qué no puede hallar?
7. ¿Qué ve cuando entra en la casa?
8. ¿Dónde está la moneda?

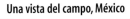

Una vista del campo, México

La Navidad, México

Apéndices

El mundo hispánico

PAÍS	CAPITAL
Argentina	Buenos Aires
Belice	Belmopan
Bolivia	Sucre
Chile	Santiago
Colombia	Santafé de Bogotá
Costa Rica	San José
Cuba	La Habana
Ecuador	Quito
El Salvador	San Salvador
España	Madrid
Guatemala	Guatemala
Honduras	Tegucigalpa
México	México
Nicaragua	Managua
Panamá	Panamá
Paraguay	Asunción
Perú	Lima
Puerto Rico	San Juan
República Dominicana	Santo Domingo
Uruguay	Montivideo
Venezuela	Caracas

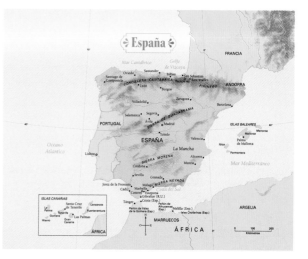

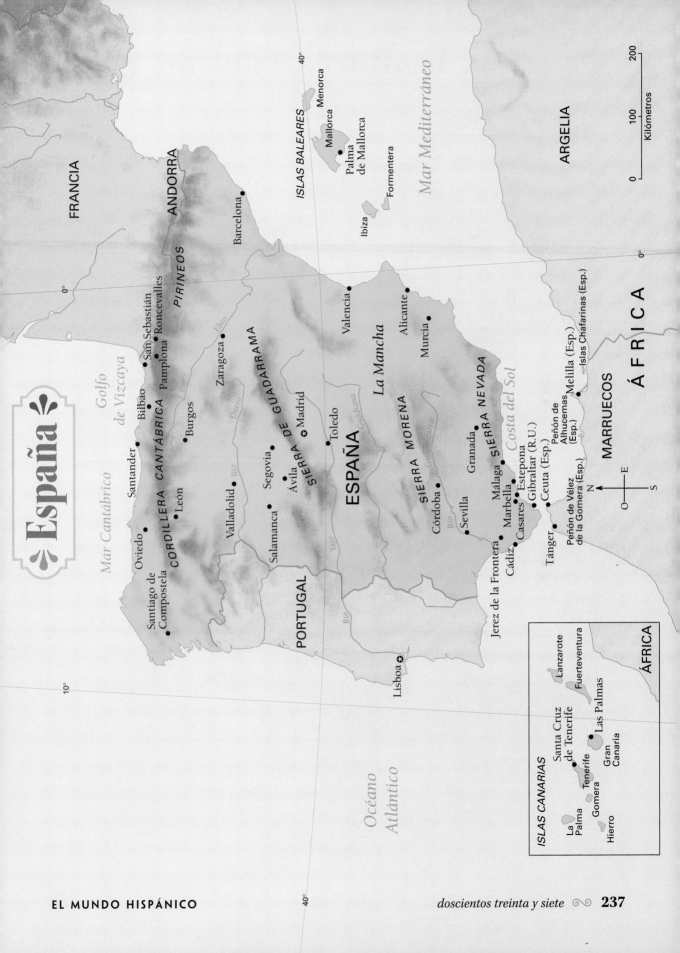

España

FRANCIA

ANDORRA

PORTUGAL

ESPAÑA

PIRINEOS

CORDILLERA CANTÁBRICA

SIERRA DE GUADARRAMA

SIERRA MORENA

SIERRA NEVADA

La Mancha

Costa del Sol

ISLAS BALEARES

Mar Mediterráneo

ARGELIA

MARRUECOS

ÁFRICA

Mar Cantábrico

Golfo de Vizcaya

Océano Atlántico

Santiago de Compostela
Oviedo
Santander
San Sebastián
Bilbao
Pamplona
Roncevalles
León
Burgos
Zaragoza
Barcelona
Valladolid
Segovia
Salamanca
Ávila
Madrid
Toledo
Valencia
Alicante
Murcia
Córdoba
Sevilla
Granada
Málaga
Marbella
Estepona
Casares
Cádiz
Jerez de la Frontera
Gibraltar (R.U.)
Ceuta (Esp.)
Tánger
Peñón de Vélez de la Gomera (Esp.)
Peñón de Alhucemas (Esp.)
Melilla (Esp.)
Islas Chafarinas (Esp.)

Mallorca
Menorca
Palma de Mallorca
Formentera
Ibiza

Lisboa

Río Ebro
Río Duero
Río Tajo
Río Guadiana
Río Guadalquivir

N
E
O
S

ISLAS CANARIAS

ÁFRICA

La Palma
Santa Cruz de Tenerife
Tenerife
Gomera
Hierro
Gran Canaria
Las Palmas
Lanzarote
Fuerteventura

200
100
0
Kilómetros

40°
0°
10°
40°
0°

La América del Sur

20°
90°   80°
20°

Mar Caribe

Océano
Atlántico

10°

Maracaibo   Caracas
        VENEZUELA   GUYANA
Medellín   Georgetown   SURINAM
Santafé de Bogotá   Paramaribo   Cayena
Cali
COLOMBIA   GUAYANA
        FRANCESA

Islas
Galápagos
(Ecuador)

Otavalo
Quito   Volcán Cotopaxi
ECUADOR   Río Amazonas
Guayaquil
Cuenca   Iquitos

CORDILLERA DE LOS ANDES

PERÚ   BRASIL
Lima   MACHU PICCHU   Brasilia
Miraflores   Cuzco
        BOLIVIA
        La Paz
        Sucre   PARAGUAY   São Paulo
        Asunción   Río de Janeiro

Océano
Pacífico

ATACAMA DESERT

Vicuña   Córdoba
        Rosario   URUGUAY
Valparaíso   Buenos Aires   Montevideo
Santiago
        ARGENTINA   Mar del Plata
CHILE

CORDILLERA DE LOS ANDES

Puerto Montt   Bariloche

PATAGONIA   Islas
        Malvinas
        (R.U.)

0   500   1000
Kilómetros

N
O   E
S

Punta Arenas

Océano
Atlántico

110°   100°   90°   80°   70°   60°   50°   40°   30°   20°

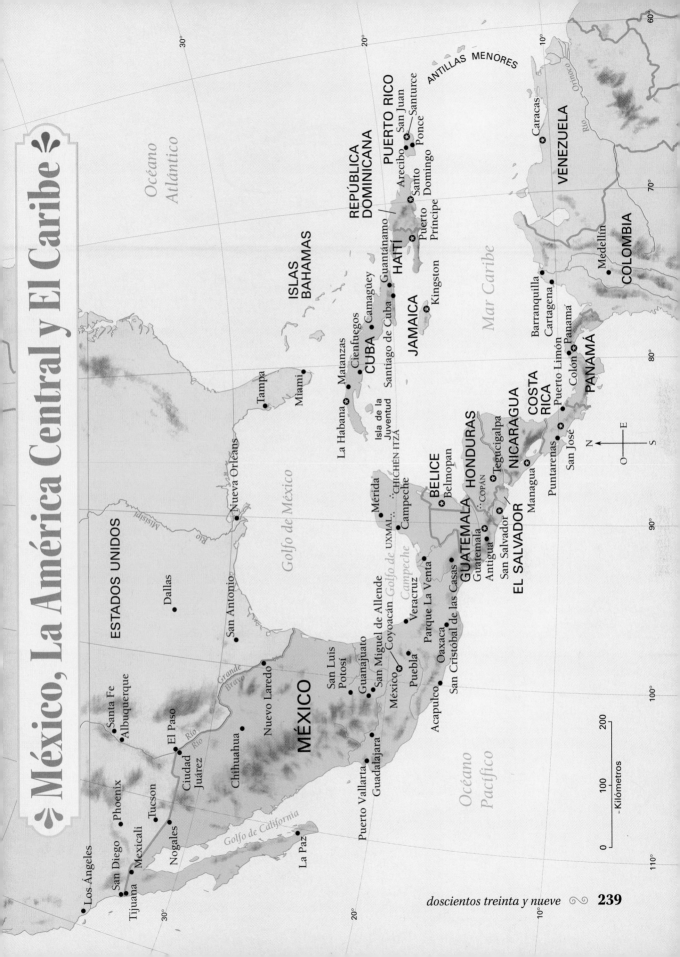

México, La América Central y El Caribe

ESTADOS UNIDOS

Océano Atlántico

ISLAS BAHAMAS

Golfo de México

Los Ángeles
San Diego
Tijuana
Mexicali
Phoenix
Tucson
Nogales
Santa Fe
Albuquerque
El Paso
Ciudad Juárez
Chihuahua
Dallas
San Antonio
Nuevo Laredo
Nueva Orleans
Tampa
Miami

Río Grande
Bravo
Río
Río
Misisipi

La Paz
Golfo de California
Puerto Vallarta
Guadalajara
San Luis Potosí
Guanajuato
San Miguel de Allende
México
Coyoacán
Puebla
Acapulco
Oaxaca
Veracruz
Parque La Venta
San Cristóbal de las Casas

MÉXICO

Océano Pacífico

Golfo de UXMAL
CHICHÉN ITZÁ
Mérida
Campeche
Golfo de Campeche
Isla de la Juventud

La Habana
Matanzas
Cienfuegos
Camagüey
CUBA
Santiago de Cuba
Guantánamo
HAITÍ
Puerto Príncipe
JAMAICA
Kingston
REPÚBLICA DOMINICANA
Santo Domingo
PUERTO RICO
Arecibo
San Juan
Santurce
Ponce

ANTILLAS MENORES

Mar Caribe

BELICE
Belmopan
GUATEMALA
Guatemala
Antigua
COPÁN
HONDURAS
Tegucigalpa
San Salvador
EL SALVADOR
NICARAGUA
Managua
COSTA RICA
Puntarenas
San José
Puerto Limón
Colón
Panamá
PANAMÁ

Barranquilla
Cartagena
COLOMBIA
Medellín
VENEZUELA
Caracas
Río Orinoco

N
O — E
S

60°
20°
10°
70°
80°
90°
100°
110°
30°
20°
30°
10°

200
100
0
Kilómetros

Verbos

Verbos regulares

INFINITIVO	**hablar** *to speak*	**comer** *to eat*	**vivir** *to live*
PRESENTE PROGRESIVO	estar hablando	estar comiendo	estar viviendo
PRESENTE	yo hablo tú hablas él, ella, Ud. habla nosotros(as) hablamos *vosotros(as) habláis* ellos, ellas, Uds. hablan	yo como tú comes él, ella, Ud. come nosotros(as) comemos *vosotros(as) coméis* ellos, ellas, Uds. comen	yo vivo tú vives él, ella, Ud. vive nosotros(as) vivimos *vosotros(as) vivís* ellos, ellas, Uds. viven

Verbos regulares con cambio en la primera persona singular
(Regular verbs with stem change in the first person singular)

INFINITIVO	**ver** *to see*	**hacer** *to do*	**poner** *to put*
PRESENTE PROGRESIVO	estar viendo	estar haciendo	estar poniendo
PRESENTE	yo veo	yo hago	yo pongo
INFINITIVO	**salir** *to leave*	**traer** *to bring*	
PRESENTE PROGRESIVO	estar saliendo	estar trayendo	
PRESENTE	yo salgo	yo traigo	

Verbos con cambio radical
(Stem-changing verbs)

INFINITIVO	preferir[1] (e>ie) *to prefer*	volver[2] (o>ue) *to return*	
PRESENTE PROGRESIVO	estar prefiriendo	estar volviendo	
PRESENTE	yo prefiero tú prefieres él, ella, Ud. prefiere nosotros(as) preferimos *vosotros(as) preferís* ellos, ellas, Uds. prefieren	yo vuelvo tú vuelves él, ella, Ud. vuelve nosotros(as) volvemos *vosotros(as) volvéis* ellos, ellas, Uds. vuelven	

Verbos irregulares

INFINITIVO	dar *to give*	estar *to be*	ir *to go*
PRESENTE PROGRESIVO	estar dando		estar yendo
PRESENTE	yo doy tú das él, ella, Ud. da nosotros(as) damos *vosotros(as) dais* ellos, ellas, Uds. dan	yo estoy tú estás él, ella, Ud. está nosotros(as) estamos *vosotros(as) estáis* ellos, ellas, Uds. están	yo voy tú vas él, ella, Ud. va nosotros(as) vamos *vosotros(as) vais* ellos, ellas, Uds. van
INFINITIVO	ser *to be*	tener *to have*	
PRESENTE PROGRESIVO	estar siendo	estar teniendo	
PRESENTE	yo soy tú eres él, ella, Ud. es nosotros(as) somos *vosotros(as) sois* ellos, ellas, Uds. son	yo tengo tú tienes él, ella, Ud. tiene nosotros(as) tenemos *vosotros(as) tenéis* ellos, ellas, Uds. tienen	

Vocabulario español–inglés

The **Vocabulario español–inglés** contains all productive and receptive vocabulary from the text. The reference numbers following each productive entry indicate the chapter and vocabulary section in which the word is introduced. For example, **3.2** means that the word was taught in **Capítulo 3, Palabras 2**. **BV** refers to the preliminary **Bienvenidos** lessons. Words without a chapter reference indicate receptive vocabulary (not taught in the **Palabras** sections).

A

a at; to
  a eso de at about (time), **4.1**
  a fines de at the end of
  a pie on foot, **4.1**
  a veces sometimes, **7.1**
  a ver let's see
abril April, **BV**
abstracto(a) abstract
la **abuela** grandmother, **6.1**
el **abuelo** grandfather, **6.1**
los **abuelos** grandparents, **6.1**
abundante plentiful
aburrido(a) boring, **2.1**
aburrir to bore
la **academia** academy, school
acariciar to caress
el **acceso** access
aceptar to accept
el **acompañamiento** accompaniment
acompañar to accompany
acordarse (ue) de to remember
el **acrílico** acrylic
la **actividad** activity
activo(a) active
la **acuarela** watercolor
acuerdo: de acuerdo OK, all right
adaptar to adapt
además moreover; besides
¡Adiós! Good-bye! **BV**
adivinar to guess
admirar to admire
admitir to admit
el/la **adolescente** adolescent, teenager
la **adolescencia** adolescence
¿adónde? where?, **1.1**
adorable adorable
adorar to adore
adornar to adorn
el/la **aficionado(a)** fan (sports)

africano(a) African
afroamericano(a) African-American
agosto August, **BV**
agradable pleasant
el **agujero** hole
ahora now, **4.2**
el **aire** air
al to the
  al contrario on the contrary
  al principio at the beginning
el **álbum** album
el **alcohol** alcohol
alegre happy
el **alemán** German, **2.2**
el **álgebra** algebra, **2.2**
algo something, **5.2**
  ¿Algo más? Anything else?, **5.2**
algunos(as) some, **4.1**
el **alimento** food
allí there
almacenar to store
el **almuerzo** lunch, **5.2**
  tomar el almuerzo to have, eat lunch
la **alpargata** sandal
alrededor de around, **6.2**
los **alrededores** outskirts
alto(a) tall, **1.1**; high, **4.2**
  en voz alta aloud
  la nota alta high grade, **4.2**
el/la **alumno(a)** student, **1.1**
amarillo(a) yellow, **3.2**
ambicioso(a) hardworking, **1.1**
la **América Central** Central America
la **América del Norte** North America
la **América del Sur** South America

americano(a) American, **1.1**
el/la **amigo(a)** friend, **1.1**
el **análisis** analysis
analítico(a) analytical
analizar to analyze
anaranjado(a) orange, **3.2**
anciano(a) old, **6.1**
el/la **anciano(a)** old person
andaluz(a) Andalusian
andante: el caballero andante knight errant
andar to walk, to go to
andino(a) Andean
el **animal** animal
la **Antártida** Antarctic
antes de before, **5.1**
la **antigüedad** antiquity
antiguo(a) old, ancient
el **año** year, **BV**
  cumplir... años to be ... years old, **6.1**
  tener... años to be ... years old, **6.1**
el **apartamento** apartment, **6.2**
  la casa de apartamentos apartment house, **6.2**
apasionado(a) passionate
la **apertura: la apertura de clases** beginning of the school year
aplicar to apply
aprender to learn, **5.1**
el **apunte: tomar apuntes** to take notes, **4.2**
aquel that
  en aquel entonces at that time
aquí here
  Aquí tiene (tienes, tienen)... Here is (are) ...
  por aquí right this way
el **árbol** tree
el **arco** arc
el **área** (f.) area
argentino(a) Argentinian, **2.1**
el **argumento** plot
la **aritmética** arithmetic, **2.2**
la **arqueología** archeology
arqueológico(a) archeological

el/la **arqueólogo(a)** archeologist
arrancar to pull out
arrogante arrogant
el **arroyo** stream, brook
el **arroz** rice, **5.2**
el **arsenal** arsenal
el **arte** (*f.*) art, **2.2**
   las **bellas artes** fine arts
el **artefacto** artifact
el/la **artista** artist
artístico(a) artistic
la **ascendencia** background
el **ascensor** elevator, **6.2**
la **asignatura** subject,
   discipline, **2.1**
asistir to attend
atacar to attack
el **ataque** attack
la **atención: prestar atención**
   to pay attention, **4.2**
atlético(a) athletic
la **atmósfera** atmosphere
atrapar to catch, **7.2**
atrás behind, in the rear
el **atún** tuna, **5.2**
el/la **autor(a)** author
azul blue, **3.2**

B

el **bachillerato** bachelor's
   degree
la **bacteria** bacteria
la **bahía** bay
bailar to dance, **4.2**
el **baile** dance
bajar to lower
bajo(a) short, **1.1**; low, **4.2**
   la **planta baja** ground
     floor, **6.2**
   la **nota baja** low grade,
     4.2
el **balón** ball, **7.1**
   tirar el balón to throw
     (kick) the ball, **7.2**
el **baloncesto** basketball, **7.2**
la **banana** banana
la **banda** music band
el **bando** team
el **baño** bathroom, **6.2**; bath
   el **cuarto de baño**
     bathroom, **6.2**
barato(a) cheap,
   inexpensive, **3.2**
la **base** base, **7.2**

básico(a) basic
el **básquetbol** basketball, **7.2**
   la **cancha de básquetbol**
     basketball court. **7.2**
bastante enough, rather,
   quite, **1.1**
la **batalla** battle
el **bate** bat, **7.2**
el/la **bateador(a)** batter, **7.2**
batear to hit (sports), **7.2**
el **batú** Taíno Indian game
el **bautizo** baptism
el/la **bebé** baby
beber to drink, **5.1**
el **béisbol** baseball, **7.2**
   el **campo de béisbol**
     baseball field, **7.2**
   el **juego de béisbol**
     baseball game, **7.2**
   el/la **jugador(a) de**
     béisbol baseball player,
     7.2
el/la **beisbolista** baseball player
bello(a) beautiful, pretty,
   1.1
   las **bellas artes** fine arts
la **bicicleta** bicycle
bien fine, well, **BV**
   muy bien very well, **BV**
el **biftec** steak
bilingüe bilingual
la **biografía** biography
la **biología** biology, **2.2**
biológico(a) biological
el/la **biólogo(a)** biologist
blanco(a) white, **3.2**
el **bloc** writing pad, **3.1**
bloquear to stop, block, **7.1**
el **blue jean** jeans, **3.2**
la **blusa** blouse, **3.2**
el **bocadillo** sandwich, **5.1**
el **bolígrafo** ballpoint pen, **3.1**
la **bolsa** bag, **5.2**
el **bolsillo** pocket
bonito(a) pretty, **1.1**
borrar: la goma de borrar
   eraser, **3.1**
el **bote** can, **5.2**
el **brazo** arm, **7.1**
brillante bright
bueno(a) good, **1.2**
   Buenas noches. Good
     evening., **BV**

Buenas tardes. Good
   afternoon., **BV**
Buenos días. Hello, Good
   morning., **BV**
sacar una nota buena to
   get a good grade, **4.2**
el **bus** bus, **4.1**
   el **bus escolar** school
     bus, **4.1**
buscar to look for, **3.1**

C

el **caballero** knight
   el **caballero andante**
     knight errant
el **caballete** easel
la **cabeza** head, **7.1**
cada each, every, **1.2**
el **café** coffee, **BV**; café, **5.1**
   el **café al aire libre**
     outdoor café
   el **café con leche** coffee
     with milk, **5.1**
   el **café solo** black coffee,
     5.1
la **cafetería** cafeteria
la **caja** cash register, **3.1**
los **calcetines** socks, **3.2**
la **calculadora** calculator, **3.1**
calcular to calculate
el **cálculo** calculus, **2.2**
el **calle** street, **6.2**
calzar to take, wear (shoe
   size), **3.2**
el/la **camarero(a)** waiter,
   waitress, **5.1**
cambiar to change;
   exchange
la **camisa** shirt, **3.2**
la **camiseta** T-shirt,
   undershirt, **3.2**
la **campaña** campaign
el/la **campeón(a)** champion
el **campeonato** championship
el **campo** country; field
   el **campo de béisbol**
     baseball field, **7.2**
   el **campo de fútbol**
     soccer field, **7.1**
   la **casa de campo**
     country home
el **canal** channel (TV)
la **canasta** basket, **7.2**
el **canasto** basket, **7.2**

la **cancha** court, **7.2**

    la cancha de básquetbol basketball court, **7.2**

la **canción** song

cansado(a) tired

cantar to sing, **4.2**

la **capital** capital

el/la **capitán** captain

el **capítulo** chapter

cardinal: los punto cardinales cardinal points

el **cardo** thistle

el **Caribe** Caribbean

    el mar Caribe Caribbean Sea

la **carne** meat, **5.2**

caro(a) expensive, **3.2**

la **carpeta** folder, **3.1**

el **carro** car, **4.1**

    en carro by car, **4.1**

la **carta** letter, **6.2**

la **casa** home, house, **6.2**

    la casa de apartamentos (departamentos) apartment house, **6.2**

    la casa de campo country home

    la casa privada (particular) private house, **6.2**

    en casa at home

el **casete** cassette, **4.2**

casi almost, practically

el **caso** case

el/la **cátcher** catcher, **7.2**

la **catedral** cathedral

catorce fourteen, **BV**

la **celebración** celebration

celebrar to celebrate

la **célula** cell

celular cellular

la **cena** dinner, **5.2**

cenar to have dinner

el **centro** center

cerca de near, **6.2**

el **cereal** cereal, **5.2**

cero zero, **BV**

la **cesta** basket (jai alai)

el **cesto** basket, **7.2**

el **chaleco** vest

el **chalet** chalet

¡Chao! Good-bye!, **BV**

la **chaqueta** jacket, **3.2**

chileno(a) Chilean

el **chocolate: de chocolate** chocolate (adj.), **5.1**

el **churro** (type of) doughnut

las **ciencias** science, **2.2**

    las ciencias naturales natural sciences

    las ciencias sociales social sciences, **2.2**

el/la **científico(a)** scientist

científico(a) scientific

cien(to) one hundred, **3.2**

cinco five, **BV**

cincuenta fifty, **2.2**

el **círculo** circle

la **ciudad** city

¡claro! certainly!, of course!

la **clase** class (school) **2.1**

    la apertura de clases beginning of the school year

    la sala de clase classroom, **4.1**

    el salón de clase classroom, **4.1**

clásico(a) classic

clasificar to classify

el/la **cliente** customer, **5.1**

el **club** club, **4.2**

    el Club de español Spanish Club, **4.2**

el **coche** car, **4.1**

    en coche by car, **4.1**

la **cocina** kitchen, **6.2**

la **coincidencia** coincidence

la **colección** collection

el **colector** collector

el **colegio** school, **1.1**

colgar (ue) to hang

colocar to put, place

colombiano(a) Colombian, **1.1**

la **colonia** suburb, colony

el **color** color, **3.2**

    ¿De qué color es? What color is it?, **3.2**

    de color marrón brown, **3.2**

el **comedor** dining room, **6.2**

comenzar (ie) to begin

comer to eat, **5.1**

cómico(a) funny, **1.1**

la **comida** food, meal, **5.2**

como like; as; since, **1.2**

¿cómo? how?, what?, **1.1**

    ¡Cómo no! Of course!

compacto(a): el disco compacto compact disk, CD, **4.2**

el/la **compañero(a)** friend, **1.2**

comparar to compare

la **competencia** competition

la **competición** competition, contest

competir (i) to compete

la **composición** composition

la **compra: ir de compras** to go shopping, to shop, **5.2**

comprar to buy, **3.1**

comprender to understand, **5.1**

la **computadora** computer

con with

el **concierto** concert

la **condición** condition

el **condominio** condominium

conectar to connect

la **conferencia** lecture

congelado(a): los productos congelados frozen food, **5.2**

el **conjunto** set, collection

consistir (en) to consist of

el **contacto** touch

contener to contain

contento(a) happy

contestar to answer

el **continente** continent

continuar to continue, **7.2**

contra against, **7.1**

conversar to talk, speak

la **copa: la Copa mundial** World Cup

el **corazón** heart

la **corbata** tie, **3.2**

el **coro** choir, chorus

el **correo: el correo electrónico** e-mail, electronic mail

correr to run, **7.2**

la **cortesía** courtesy, **BV**

corto(a) short, **3.2**

    el pantalón corto shorts, **3.2**

la **cosa** thing

coser to sew

la **costa** coast

costar (ue) to cost, **3.1**

costarricense Costa Rican

la **costumbre** custom

la **costura** sewing

crear to create

criollo(a) Creole

cruel cruel

el **cuaderno** notebook, **3.1**

el **cuadro** painting

¿cuál? which?, what?, **BV**

    ¿Cuál es la fecha de hoy?
      What is today's date?,
      BV

¿cuáles? which ones?,
    what?

cuando when, **4.2**

¿cuándo? when?, **4.1**

¿cuánto? how much?, **3.1**

    ¿A cuánto está(n)... ?
      How much is (are) . . . ?,
      5.2

    ¿Cuánto es? How much
      does it cost?, **3.1**

    ¿Cuánto cuesta(n)... ?
      How much do(es) . . .
      cost?, **3.1**

    ¿cuántos(as)? how many?,
      2.1

cuarenta forty, **2.2**

el **cuarto** room, bedroom **6.2;**
    quarter

    el cuarto de baño
      bathroom, **6.2**

    el cuarto de dormir
      bedroom

    menos cuarto a quarter
      to (the hour)

    y cuarto a quarter past
      (the hour)

cuarto(a) fourth, **6.2**

cuatro four, **BV**

cuatrocientos(as) four
    hundred, **3.2**

cubano(a) Cuban

cubanoamericano(a)
    Cuban-American

la **cuenta** bill, check, **5.1**

el/la **cuentista** short-story writer

el **cuento** story

¡cuidado! careful!

    con mucho cuidado very
      carefully

cultivar to cultivate

el **cumpleaños** birthday, **6.1**

cumplir: cumplir... años to
    be . . . years old, **6.1**

el **curso** course, class, **2.1**

    el curso obligatorio
      required course

    el curso opcional
      elective course

D

la **dama** lady, lady-in-waiting,
    woman

dar to give, **4.2**

    dar énfasis to emphasize

    dar la mano to shake
      hands

    dar un examen to give a
      test, **4.2**

    dar una fiesta to give
      (throw) a party, **4.2**

datar to date

los **datos** data, information

de of, from, for, **BV**

    de... a... from (time) to
      (time), **2.2**

    de joven as a young
      person

    De nada. You're
      welcome., **BV**

    de ninguna manera by
      no means, **1.1**

    de vez en cuando
      sometimes

debajo (de) under, below

deber must; should; to owe

decidir to decide

décimo(a) tenth, **6.2**

el **dedo** finger

del of the, from the

delante de in front of

delantero(a) front

delicioso(a) delicious

demás other, rest

demasiado too much

dentro de within

    dentro de poco soon

el **departamento** apartment,
    6.2

    la casa de
      departamentos
      apartment house, **6.2**

el/la **dependiente(a)** employee,
    3.1

el **deporte** sport, **7.1**

el deporte de equipo
    team sport

el deporte individual
    individual sport

deportivo(a) (related to)
    sports, **6.2**

    la emisión deportiva
      sports program (TV),
      6.2

derecho(a) right, **7.1**

derrotar to defeat

desagradable unpleasant

**desamparado(a): los niños
    desamparados**
    homeless children

el **desayuno** breakfast, **5.2**

el/la **descendiente** descendant

describir to describe

descubrir to discover

desde since

desear to want, wish, **3.2**

    ¿Qué desea Ud.? May I
      help you? (in a store),
      3.2

el **desierto** desert

después (de) after, **5.1**

devolver (ue) to return
    (something), **7.2**

el **día** day, **BV**

    Buenos días. Good
      morning., **BV**

    hoy (en) día nowadays,
      these days

    ¿Qué día es (hoy)? What
      day is it (today)?, **BV**

el **diálogo** dialog

dibujar to draw

el **dibujo** drawing

diciembre December, **BV**

diecinueve nineteen, **BV**

dieciocho eighteen, **BV**

dieciséis sixteen, **BV**

diecisiete seventeen, **BV**

diez ten

la **diferencia** difference

diferente different

difícil difficult, **2.1**

diminuto(a) tiny, minute

la **dinamita** dynamite

el **dinero** money

¡Dios mío! Gosh!

la **dirección** address;
    direction

    en dirección a toward

el/la **director(a)** director, principal

la **disciplina** subject area (school), **2.2**

el **disco: el disco compacto** compact disk, CD, **4.2**

discutir to discuss

el/la **diseñador(a)** designer

el **diseño** design

el **disquete** disk, diskette, **3.1**

la **distancia** distance

la **diversión** amusement

dividir to divide

la **división** division

doce twelve, **BV**

la **docena** dozen

el **dólar** dollar

doméstico(a) domestic

la economía doméstica home economics, **2.2**

el **domingo** Sunday, **BV**

dominicano(a) Dominican, **2.1**

la República Dominicana Dominican Republic

donde where, **1.2**

¿dónde? where?, **1.2**

dormido(a) asleep

dormir (ue, u) to sleep

el **dormitorio** bedroom, **6.2**

dos two, **BV**

doscientos(as) two hundred, **3.2**

el/la **dramaturgo(a)** playwright

driblar to dribble, **7.2**

la **duda** doubt

dulce: el pan dulce sweet roll, **5.1**

durante during

duro(a) hard, difficult, **2.1**

E

la **economía** economics; economy

la economía doméstica home economics, **2.2**

la **ecuación** equation

ecuatoriano(a) Ecuadorean, **2.1**

la **edad** age

el **edificio** building

la **educación** education

la educación física physical education, **2.2**

efectivo: en efectivo in cash

el **ejemplo: por ejemplo** example

el **ejote** string beans

el the (m. sing.), **1.1**

él he, **1.1**

electrónico(a) electronic

el correo electrónico e-mail, electronic mail

ella she, **1.1**

ellos(as) they, **2.1**

la **emisión** program (TV), **6.2**; emission

la emisión deportiva sports program, **6.2**

la **emoción** emotion

emocional emotional

empatado(a) tied (score), **7.1**

El tanto queda empatado. The score is tied., **7.1**

empezar (ie) to begin, **7.1**

el/la **empleado(a)** employee, **3.1**

en in; on

en aquel entonces at that time

en punto on the dot, sharp, **4.1**

el/la **enamorado(a)** sweetheart, lover

encantador(a) charming

encender (ie) to light

encestar to put in (make) a basket, **7.2**

la **enchilada** enchilada, **BV**

enero January, **BV**

el **énfasis: dar énfasis** to emphasize

enfatizar to emphasize

enlatado(a) canned

la **ensalada** salad, **5.1**

enseguida right away, immediately, **5.1**

enseñar to teach, **4.1**

entero(a) entire, whole

entonces then

en aquel entonces at that time

la **entrada** inning, **7.2**; admission ticket

entrar to enter, **4.1**

entre between, **7.1**

entregar to deliver

la **entrevista** interview

enviar to send

envuelto(a) wrapped

el **equipo** team, **7.1**; equipment

el deporte de equipo team sport, **7.2**

la **escalera** stairway, **6.2**

escamotear to secretly take

la **escena** scene

escoger to choose

escolar (related to) school, **2.1**

el bus escolar school bus, **4.1**

el horario escolar school schedule

los materiales escolares school supplies, **3.1**

la vida escolar school life

esconder to hide

escribir to write, **5.1**

escuchar to listen (to), **4.2**

el **escudero** squire, knight's attendant

la **escuela** school, **1.1**

la escuela intermedia middle school

la escuela primaria elementary school

la escuela secundaria high school, **1.1**

la escuela superior high school

la **escultura** sculpture

esencialmente essentially

eso: a eso de at about (time), **4.1**

la **España** Spain, **1.2**

el **español** Spanish, **2.2**

español(a) Spanish (adj.)

la **espátula** palette knife, spatula

especial special

la **especialidad** specialty

especialmente especially

el/la **espectador(a)** spectator, **7.1**

el **espejo** mirror

la **esposa** wife, spouse, **6.1**

el **esposo** husband, spouse, **6.1**

la **estación** season, **BV**

el **estadio** stadium, **7.1**
el **estado** state
 los Estados Unidos United States
 estadounidense from the United States
estar to be, **4.1**
la **estatua** statue
el **este** east
el **estilo** style
la **estrategia** strategy
la **estrella** star
la **estructura** structure
el/la **estudiante** student
 estudiantil (relating to) student
 estudiar to study, **4.1**
el **estudio** study
 estupendo(a) stupendous
étnico(a) ethnic
la **Europa** Europe
el **examen** test, exam, **4.2**
la **excavación** excavation
excavar to dig, excavate
excelente excellent
explicar to explain, **4.2**
la **expresión: el modo de expresión** means of expression
extranjero(a) foreign
el/la **extranjero(a)** foreigner
extraordinario(a) extraordinary

F

fácil easy, **2.1**
la **faja** sash
la **falda** skirt, **3.2**
la **fama** fame
la **familia** family, **6.1**
 familiar (related to the) family
 famoso(a) famous, **1.2**
 fantástico(a) fantastic, **1.2**
 favorito(a) favorite
febrero February, **BV**
la **fecha** date, **BV**
 ¿Cuál es la fecha de hoy? What is today's date?, **BV**
feo(a) ugly, **1.1**
la **fiesta** party
 dar una fiesta to give (throw) a party, **4.2**

figurativo(a) figurative
el **fin** end
 a fines de at the end of
 el fin de semana weekend, **BV**
el **final: al final (de)** at the end (of)
las **finanzas** finances
la **física** physics, **2.2**
 físico(a): la educación física physical education, **2.2**
flaco(a) thin, **1.2**
la **flor** flower
 formar to make up, to form
la **foto** photo
la **fotografía** photograph
el **francés** French, **2.2**
 franco(a) frank, candid, sincere
la **frase** phrase, sentence
fresco(a) fresh
el **frijol** bean, **5.2**
 frito(a) fried, **5.1**
 las papas fritas French fries, **5.1**
el **frontón** wall (of a jai alai court)
la **fruta** fruit, **5.2**
fuerte strong
el **fútbol** soccer, **7.1**
 el campo de fútbol soccer field, **7.1**
el **futuro** future

G

ganar to win, **7.1**; to earn
la **ganga** bargain
el **garaje** garage, **6.2**
el/la **gato(a)** cat, **6.1**
 general: en general generally
 por lo general in general
 generalmente usually, generally
 generoso(a) generous, **1.2**
la **gente** people
la **geografía** geography, **2.2**
la **geometría** geometry, **2.2**
 geométrico(a) geometric
el **gol: meter un gol** to score a goal, **7.1**
el **golfo** gulf
 golpear to hit, **9.2**
la **goma: la goma de borrar** eraser, **3.1**

gordo(a) fat, **1.2**
la **gorra** cap, hat, **3.2**
gozar to enjoy
Gracias Thank you., **BV**
gracioso(a) funny, **1.1**
la **gramática** grammar
gran, grande big, large, great
 las Grandes Ligas Major Leagues
gris gray, **3.2**
el **grupo** group
el **guante** glove, **7.2**
guapo(a) handsome, **1.1**
guardar to guard, **7.1**; to keep
guatemalteco(a) Guatemalan
el **guisante** pea, **5.2**
la **guitarra** guitar
gustar to like, to be pleasing
el **gusto** pleasure
 Mucho gusto. Nice to meet you.

H

la **habichuela** bean, **5.2**
el/la **habitante** inhabitant
 habla: los países de habla española Spanish-speaking countries
hablar to speak, talk, **3.1**
hacia toward
hallar to find
la **hamburguesa** hamburger, **5.1**
hasta until, **BV**
 ¡Hasta luego! See you later!, **BV**
 ¡Hasta mañana! See you tomorrow!, **BV**
 ¡Hasta pronto! See you soon!, **BV**
hay there is, there are, **BV**
 No hay de qué. You're welcome., **BV**
hecho(a) made
helado(a): el té helado iced tea, **5.1**
el **helado** ice cream, **5.1**
 el helado de chocolate chocolate ice cream, **5.1**
 el helado de vainilla vanilla ice cream, **5.1**

el **hemisferio norte** northern hemisphere

el **hemisferio sur** southern hemisphere

la **hermana** sister, **6.1**

el **hermano** brother, **6.1**

hermoso(a) beautiful, pretty, **1.1**

el/la **héroe** hero

la **hija** daughter, **6.1**

el **hijo** son, **6.1**

los **hijos** children, **6.1**

hispano(a) Hispanic

hispanoamericano(a) Spanish-American

hispanohablante Spanish-speaking

el/la **hispanohablante** Spanish speaker

la **historia** history, **2.2**; story

histórico(a) historical

la **historieta** little story

la **hoja: la hoja de papel** sheet of paper, **3.1**

¡Hola! Hello!, **BV**

el **hombre** man

¡hombre! good heavens!, you bet!

honesto(a) honest, **1.2**

el **honor** honor

la **hora** hour; time

¿A qué hora? At what time?

¿Qué hora es? What time is it?

el **horario** schedule

el **horario escolar** school schedule

hoy today, **BV**

hoy (en) día nowadays, these days

el **huarache** sandal

el **huevo** egg, **5.2**

humano(a): el ser humano human being

humilde humble

I

la **idea** idea

ideal ideal, **1.2**

importante important

imposible impossible

la **impresora** printer

el/la **inca** Inca

incluido(a): ¿Está incluido el servicio? Is the tip included?, **5.1**

incluir to include, **5.1**

increíble incredible

la **independencia** independence

el **indicador: el tablero indicador** scoreboard, **7.1**

indígena native, indigenous

el/la **indígena** native person

indio(a) Indian

individual individual

el **deporte individual** individual sport

el **individuo** individual

la **influencia** influence

la **información** information

la **informática** computer science, **2.2**

el **inglés** English, **2.2**

inmediatamente immediately

inmediato(a) immediate

inmenso(a) immense

la **instrucción** instruction

el **instrumento** instrument

el **instrumento musical** musical instrument

íntegro(a) integral

inteligente intelligent, **2.1**

el **interés** interest

interesante interesting, **2.1**

interesar to interest

intermedio(a): la escuela intermedia middle school

internacional international

la **interpretación** interpretation

el **invierno** winter, **BV**

la **invitación** invitation

invitar to invite, **6.1**

ir to go, **4.1**

ir a + *infinitive* to be going to (do something)

ir a pie to go on foot, to walk **4.1**

ir de compras to go shopping, **5.2**

ir en carro (coche) to go by car, **4.1**

la **isla** island

italiano(a) Italian

izquierdo(a) left, **7.1**

J

jamás never

el **jamón** ham, **5.1**

el **jardín** garden, **6.2**

el/la **jardinero(a)** outfielder, **7.2**

el **jonrón** home run, **7.2**

joven young, **6.1**

de joven as a young person

el/la **joven** youth, young person

la **judía: la judía verde** green bean, **5.2**

el **juego** game

el **juego de béisbol** baseball game, **7.2**

el **jueves** Thursday, **BV**

el/la **jugador(a)** player, **7.1**

el/la **jugador(a) de béisbol** baseball player, **7.2**

jugar (ue) to play, **7.1**

jugar (al) béisbol (fútbol, baloncesto, etc.) to play baseball (soccer, basketball, etc.) **7.1**

el **juguete** toy

julio July, **BV**

junio June, **BV**

junto(a) together

K

el **kilo** kilogram, **5.2**

el **kilómetro** kilometer

L

la the (*f. sing.*), **1.1**; it, her (*pron.*)

el **laboratorio** laboratory

el **lado** side

el **lago** lake

la **lana** wool

el/la **lanzador(a)** pitcher, **7.2**

lanzar to throw, **7.1**

el **lápiz** pencil, **3.1**

largo(a) long, **3.2**

las them (*f. pl. pron.*)

la **lata** can, **5.2**

el **latín** Latin, **2.2**

latino(a) Latin (*adj.*)

Latinoamérica Latin America, **1.1**

latinoamericano(a) Latin American

le to him, to her; to you (*formal*) (*pron.*)

la **lección** lesson, **4.2**

la **leche** milk

el **café con leche** coffee with milk, **5.1**

la **lechuga** lettuce, **5.2**

la **lectura** reading

leer to read, **5.1**

la **lengua** language, **2.2**

les to them; to you (*formal pl.*) (*pron.*)

la **letra** letter (of alphabet)

levantar to lift

el/la **libertador(a)** liberator

libre free, **5.1**

al aire libre outdoor (*adj.*)

el **libro** book, **3.1**

el **liceo** high school

el **lienzo** canvas (painting)

la **liga** league

las **Grandes Ligas** Major Leagues

limeño(a) from Lima (Peru)

la **limonada** lemonade, **BV**

lindo(a) pretty, **1.1**

la **línea** line

la **línea telefónica** telephone line

listo(a) ready

literal literal

la **literatura** literature, **2.1**

llamado(a) called

llegar to arrive, **4.1**

lleno(a) full

llevar to carry, **3.1**; to wear, **3.2**; to bring, **6.1**

lo it; him (*m. sing.*) (*pron.*)

lo que what, that which

loco(a) insane

los them (*m. pl.*) (*pron.*)

el **loto** lotto

luego later; then, **BV**

¡Hasta luego! See you later!, **BV**

el **lugar** place

lujoso(a) luxurious

la **luna** moon

el **lunes** Monday, **BV**

la **luz** light

M

la **madre** mother, **6.1**

madrileño(a) native of Madrid

la **madrina** godmother

el/la **maestro(a)** teacher; master

magnífico(a) magnificent

malhumorado(a) bad-tempered

malo(a) bad, **2.1**

sacar una nota mala to get a bad grade, **4.2**

la **mamá** mom

la **manera** way, manner, **1.1**

de ninguna manera by no means, **1.1**

la **mano** hand, **7.1**

dar la mano to shake hands

el **mantel** tablecloth

la **manzana** apple, **5.2**

mañana tomorrow, **BV**

¡Hasta mañana! See you tomorrow!, **BV**

la **mañana** morning

de la mañana a.m. (time), **2.2**

por la mañana in the morning

el **mapa** map

el **mar** sea

el **mar Caribe** Caribbean Sea

maravilloso(a) marvelous

el **marcador** marker, **3.1**

marcar: marcar un tanto to score a point, **7.1**

el **marido** husband, **6.1**

los **mariscos** shellfish, **5.2**

marrón: de color marrón brown, **3.2**

el **martes** Tuesday, **BV**

marzo March, **BV**

más more, **2.2**

más tarde later

más o menos more or less

la **masa** mass

las **matemáticas** mathematics, **2.1**

la **materia** matter, subject

el **material: los materiales escolares** school supplies, **3.1**

el **matrimonio** marriage

el/la **maya** Maya

mayo May, **BV**

mayor greater

la **mayor parte** the greater part, the most

la **mayoría** majority

me me (*pron.*)

la **medalla** medal

media: y media half-past (time)

la **medianoche** midnight

el **medio** medium, means

el **medio de transporte** means of transportation

medio(a) half, **5.2**

media hora half an hour

el **mediodía** noon, **2.2**

medir (i, i) to measure

melancólico(a) melancholic

menos less, fewer

menos cuarto a quarter to (the hour)

el **menú** menu, **5.1**

el **mercado** market, **5.2**

la **merienda** snack, **4.2**

tomar una merienda to have a snack, **4.2**

la **mermelada** marmalade

el **mes** month, **BV**

la **mesa** table, **5.1**; plateau

la **mesera** waitress, **5.1**

el **mesero** waiter, **5.1**

el/la **mestizo(a)** mestizo

meter to put, place, **7.1**

meter un gol to score a goal, **7.1**

mexicano(a) Mexican, **1.1**

mexicanoamericano(a) Mexican-American

la **mezcla** mixture

mi my

mí (to) me (*pron.*)

el **microbio** microbe

microscópico(a) microscopic

el **microscopio** microscope

el **miedo** fear

tener miedo to be afraid

el **miembro** member, **4.2**

mientras while

el **miércoles** Wednesday, **BV**

mil (one) thousand, **3.2**

la **milla** mile
el **millón** million
el **minuto** minute
mirar to look at, watch, **3.1**
mismo(a) same, **2.1**
mixto(a) co-ed (school)
la **mochila** backpack, **3.1**
el **modelo** model
el **módem** modem
moderno(a) modern
el **modo** manner, way
el modo de expresión
means of expression
el **momento** moment
la **moneda** coin, currency
el **monitor** monitor
monocelular single-celled
la **montaña** mountain
el **monumento** monument
moreno(a) dark, brunette,
1.1
morir (ue, u) to die
el **motivo** reason, motive;
theme
la **muchacha** girl, **1.1**
el **muchacho** boy, **1.1**
mucho(a) a lot; many, **2.1**
Mucho gusto. Nice to
meet you.
la **mujer** wife, **6.1**
el/la **mulato(a)** mulatto
la **multiplicación**
multiplication
mundial worldwide,
(related to the) world
la Copa mundial World
Cup
la Serie mundial World
Series
el **mundo** world
todo el mundo everyone
la **música** music, **2.2**
muy very, **BV**
muy bien very well, **BV**

N

nacer to be born
nacido(a) born
nacional national
la **nacionalidad** nationality,
1.2
¿de qué nacionalidad?
what nationality?
nada nothing, **5.2**

De nada. You're welcome.,
BV
Nada más. Nothing else.,
5.2
Por nada. You're
welcome., **BV**
nadie no one
la **naranja** orange, **5.2**
**natural: los recursos
naturales** natural
resources, **2.1**
las ciencias naturales
natural sciences
navegar to navigate
navegar por la red to surf
the Net
la **Navidad** Christmas
necesario(a) necessary
necesitar to need, **3.1**
negro(a) black, **3.2**
la **nieta** granddaughter, **6.1**
el **nieto** grandson, **6.1**
ninguno(a) not any, none
de ninguna manera by no
means, **1.1**
el/la **niño(a)** child
los niños desamparados
homeless children
no no, **BV**
No hay de qué. You're
welcome., **BV**
noble noble
la **noche** night, evening
Buenas noches. Good
night., **BV**
de la noche p.m. (time)
por la noche in the
evening, at night
la **Nochebuena** Christmas Eve
el **nombre** name
el **noroeste** northwest
el **norte** north
norteamericano(a) North
American
nos (to) us *(pl. pron.)*
nosotros(as) we, **2.2**
la **nota** grade, **4.2**
la nota buena (alta) good
(high) grade, **4.2**
la nota mala (baja) bad
(low) grade, **4.2**
**sacar una nota buena
(mala)** to get a good
(bad) grade, **4.2**

notable notable
notar to note
las **noticias** news, **6.2**
novecientos(as) nine
hundred, **3.2**
la **novela** novel
el/la **novelista** novelist
noveno(a) ninth, **6.2**
noventa ninety, **2.2**
noviembre November, **BV**
nuestro(a) our
nueve nine, **BV**
nuevo(a) new
de nuevo again
el **número** number, **1.2**; size
(shoes), **3.2**

O

el **objeto** object
**obligatorio(a): el curso
obligatorio** required
course
la **obra** work
la obra de arte work of
art
la **observación** observation
el/la **observador(a)** observer
observar to observe
el **océano** ocean
ochenta eighty, **2.2**
ocho eight, **BV**
ochocientos(as) eight
hundred, **3.2**
octavo(a) eighth, **6.2**
octubre October, **BV**
ocupado(a) occupied,
taken, **5.1**
el **oeste** west
oficial official
oír to hear
el **óleo** oil
la **oliva: el aceite de oliva**
olive oil
once eleven, **BV**
la **onza** ounce
opcional: el curso opcional
elective course
la **ópera** opera
el/la **operador(a)** operator
la **opereta** operetta
opinar to think
oralmente orally
la **orden** order (restaurant),
5.1

el **ordenador** computer
el **orfanato** orphanage
el **organismo** organism
el **órgano** organ
el **origen** origin
el **oro** gold
la **ortiga** nettle
  oscuro(a) dark
  otavaleño(a) of or from
    Otavalo, Ecuador
el **otoño** autumn, **BV**
  otro(a) other, another
  ¡oye! listen!

P

el **padre** father, **6.1**
  los padres parents, **6.1**
el **padrino** godfather
  los padrinos godparents
  pagar to pay, **3.1**
la **página** page
  la página Web Web page
el **país** country
  el país extranjero foreign
    country
el **paisaje** landscape
la **palabra** word
el **pan: el pan dulce** sweet roll,
  5.1
  el pan tostado toast, **5.2**
  panameño(a) Panamanian,
  2.1
la **pantalla** screen
el **pantalón** pants, trousers, **3.2**
  el pantalón corto shorts,
  3.2
la **papa** potato, **5.1**
  las papas fritas French
    fries, **5.1**
el **papá** dad
el **papel** paper, **3.1**
  la hoja de papel sheet of
    paper, **3.1**
la **papelería** stationery store,
  3.1
el **paquete** package, **5.2**
el **par: el par de tenis** pair of
  tennis shoes, **3.2**
el **paraíso** paradise
  para for
  parar to stop, to block, **7.1**
  parecido(a) similar
la **pared** wall
la **pareja** couple

el/la **pariente** relative, **6.1**
el **parque** park
el **párrafo** paragraph
la **parte** part
  la mayor parte the
    greatest part, the most
  por todas partes
    everywhere
  particular private, **6.2**
  la casa particular
    private house, **6.2**
  particularmente especially
el **partido** game, **7.1**
  pasado(a) past; last
  el (año) pasado last
    (year)
  pasar to pass, **7.2**; to spend;
    to happen
la **patata** potato
la **película** film, movie, **6.2**
la **pelota** ball, **7.2**
  la pelota vasca jai alai
el/la **pelotari** jai alai player
la **península** peninsula
  pensar (ie) to think
  pequeño(a) small, **2.1**
  perder (ie) to lose, **7.1**;
  Perdón. Excuse me
  perezoso(a) lazy, **1.1**
el **período** period
el **periódico** newspaper, **6.2**
  permitir to permit
  pero but
el **perrito** puppy
el **perro** dog, **6.1**
la **persona** person, **1.2**
  peruano(a) Peruvian
  pesar to weigh
el **pescado** fish, **5.2**
la **peseta** Spanish unit of
  currency
el **peso** peso (monetary unit of
  several Latin American
  countries), **BV**; weight
el **piano** piano
el/la **pícher** pitcher, **7.2**
el **pie** foot, **7.1**
  a pie on foot, **4.1**
  de pie standing
la **pierna** leg, **7.1**
la **pieza** room
el **pincel** brush, paintbrush
  pintar to paint
el/la **pintor(a)** painter

la **pintura** painting
el **piso** floor, **6.2**, apartment
la **pizarra** chalkboard, **4.2**
el **pizarrón** chalkboard, **4.2**
la **pizza** pizza, **BV**
la **planta** floor, **6.2**; plant
  la planta baja ground
    floor, **6.2**
el **plátano** banana, plantain,
  5.2
el **platillo** base, **7.2**
la **plaza** plaza, square; seat
la **pluma** pen, **3.1**
  pobre poor
  poco(a) little, few, **2.1**
  un poco (de) a little
  poder (ue) to be able, **7.1**
el **poema** poem
la **poesía** poetry
el/la **poeta** poet
  político(a) political
el **pollo** chicken, **5.2**
el **poncho** poncho, shawl,
  wrap
  poner to put
  ponerse to put on
  popular popular, **2.1**
la **popularidad** popularity
  por for
    por aquí over here
    por ejemplo for example
    por eso therefore, for this
     reason, that's why
    por favor please, **BV**
    por fin finally
    por hora per hour
    por la noche in the
     evening
    por lo general in general
    Por nada. You're
     welcome., **BV**
    ¿por qué? why?
  porque because
la **portería** goal line, **7.1**
el/la **portero(a)** goalkeeper,
  goalie, **7.1**
la **posibilidad** possibility
  posible possible
el **postre** dessert, **5.1**
  practicar to practice
el **precio** price
  precolombino(a) pre-
    Columbian
  preferir (ie, i) to prefer

la **pregunta** question
preguntar to ask (a question)
el **premio: el Premio Nóbel** Nobel Prize
preparar to prepare
presentar to present; to show (movie)
la **presentación** presentation
prestar: prestar atención to pay attention, **4.2**
primario(a): la escuela primaria elementary school
la **primavera** spring, **BV**
primero(a) first, **BV**
el/la **primo(a)** cousin, **6.1**
la **princesa** princess
principal main, principal
principalmente mainly
privado(a) private
la casa privada private house, **6.2**
el **problema** problem
procesar to process
proclamar to proclaim
producido(a) produced
el **producto** product, **5.2**
los productos congelados frozen food, **5.2**
el/la **profesor(a)** teacher, professor, **2.1**
el **programa** program
pronto: ¡Hasta pronto! See you soon!, **BV**
el **protoplasma** protoplasm
publicar to publish
público(a) public
el **pueblo** town
la **puerta** door
puertorriqueño(a) Puerto Rican
pues well
el **punto: en punto** on the dot, sharp, **4.1**
los puntos cardinales cardinal points

Q

qué what; how, **BV**
¿Qué tal? How are you?, **BV**
quechua Quechuan

quedar to remain, **7.1**
querer (ie) to want, wish
el **queso** cheese, **5.1**
el **quetzal** quetzal (money)
¿quién? who?, **1.1**
¿quiénes? who? (pl.), **2.1**
la **química** chemistry, **2.2**
químico(a) chemical
quince fifteen, **BV**
la **quinceañera** fifteen-year-old (girl)
quinientos(as) five hundred, **3.2**
quinto(a) fifth, **6.2**
quitarse to take off

R

rápido quickly
el **rato** while
el **ratón** mouse
la **razón** reason
razonable reasonable
real royal
realista realistic
el/la **realista** realist
realmente really
rebotar to rebound
la **recámara** bedroom, **6.2**
el/la **receptor(a)** catcher, **7.2**
recibir to receive, **5.1**
recientemente recently
recoger to pick up
el **rectángulo** rectangle
el **recurso: los recursos naturales** natural resources
la **red** net
navegar por la red to surf the Net
reemplazar to replace
reflejar to reflect
el **reflejo** reflection
reflexionar to reflect
el **refresco** drink, beverage, **5.1**
el **regalo** gift, **6.1**
la **región** region
regular regular, average, **2.2**
la **reina** queen
religioso(a) religious
el **reportaje** report
representar to represent
la **República Dominicana** Dominican Republic

el/la **residente** resident
resolver (ue) to solve
la **respuesta** answer
restar to subtract
el **restaurante** restaurant
el **resto** rest, remainder
el **retintín** jingle
el **retrato** portrait
la **revista** magazine, **6.2**
revolver (ue) to turn around
el **rey** king
rico(a) rich; delicious
el **río** river
rodar (ue) to roll
la **rodilla** knee, **7.1**
rojo(a) red, **3.2**
romántico(a) romantic
la **ropa** clothing, **3.2**
la tienda de ropa clothing store, **3.2**
la **rosa** rose
rosado(a) pink, **3.2**
rubio(a) blond, **1.1**
la **ruina** ruin
el **rumor** rumor
rural rural
la **ruta** route
la **rutina** routine

S

el **sábado** Saturday, **BV**
saber to know
sabio(a) wise
sabroso(a) delicious
sacar to get, **4.2**
sacar una nota buena (mala) to get a good (bad) grade, **4.2**
el **saco** jacket
sacrificar to sacrifice
la **sala** room; living room, **6.2**
la sala de clase classroom, **4.1**
salir to leave
salir bien (en un examen) to do well (on an exam),
l el **salón: el salón de clase** classroom, **4.1**
saltar to jump
el **saludo** greeting, **BV**
el **sándwich** sandwich, **BV**
la **sangre** blood

el **santo** saint

secreto(a) secret

secundario(a) secondary, **1.1**

　la escuela secundaria high school, **1.1**

según according to

segundo(a) second, **6.2**

　el segundo tiempo second half (soccer), **7.1**

seis six, **BV**

seiscientos(as) six hundred, **3.2**

la **selección** selection

seleccionar to select

la **semana** week, **BV**

　el fin de semana weekend, **BV**

el **sentido** meaning, significance

el **señor** sir, Mr., gentleman, **BV**

la **señora** Ms., Mrs., madam, **BV**

la **señorita** Miss, Ms., **BV**

septiembre September, **BV**

séptimo(a) seventh, **6.2**

ser to be

el **ser: el ser humano** human being

　el ser viviente living creature, being

la **serie: la Serie mundial** World Series

serio(a) serious, **1.1**

el **servicio** service, tip, **5.1**

　¿Está incluido el servicio? Is the tip included?, **5.1**

sesenta sixty, **2.2**

setecientos(as) seven hundred, **3.2**

setenta seventy, **2.2**

sexto(a) sixth, **6.2**

si if

sí yes

siempre always, **7.1**

la **sierra** sierra, mountain range

siete seven, **BV**

el **siglo** century

el **significado** meaning

siguiente following

la **silla** chair

similar similar

simpático(a) nice, **1.2**

sin without

sincero(a) sincere, **1.2**

el **sitio** place

sobre on top of; over; on, about

　sobre todo especially

sobresaltar to jump up

la **sobrina** niece, **6.1**

el **sobrino** nephew, **6.1**

social: las ciencias sociales social sciences

la **sociedad** society

la **sociología** sociology

solamente only

soler (ue) to be accustomed to, tend to

sólo only

solo(a) alone

　a solas alone

　el café solo black coffee, **5.1**

soltero(a) single, bachelor

la **solución** solution

el **sombrero** hat

la **sopa** soup, **5.1**

el/la **sordo** deaf person

su his, her, their, your

subir to go up, **6.2**

el **suburbio** suburb

suceso: el buen suceso great event

sudamericano(a) South American

el **sudoeste** southwest

el **suelo** ground

el **sueño** dream

sumar to add

superior: la escuela superior high school

el **supermercado** supermarket, **5.2**

el **sur** south

el **suroeste** southwest

el **surtido** assortment

sus their, your (*pl.*), **6.1**

suspirar to sigh

T

el **T-shirt** T-shirt, **3.2**

el **tablero** board, **7.1**

　el tablero indicador scoreboard, **7.1**

el **taco** taco, **BV**

taíno(a) Taino

tal: ¿Qué tal? How are you?, **BV**

la **talla** size, **3.2**

el **tamal** tamale, **BV**

el **tamaño** size, **3.2**

también also

tan so

el **tanto** point, **7.1**

　marcar un tanto to score a point

tanto(a) so much

tarde late

la **tarde** afternoon

　Buenas tardes. Good afternoon., **BV**

　por la tarde in the afternoon

te you (*fam. pron.*)

el **té** tea, **5.1**

　el té helado iced tea, **5.1**

el **teclado** keyboard

el/la **técnico(a)** technician

la **tecnología** technology

telefónico(a) (related to the) telephone

　la línea telefónica telephone line

el **teléfono** telephone

　hablar por teléfono to talk on the phone

la **televisión** television, **6.2**

el **tema** theme, subject

temprano early

tener (ie) to have, **6.1**

　tener... años to be ... years old, **6.1**

　tener miedo to be afraid

　tener que to have to

los **tenis** tennis shoes, **3.2**

　el par de tenis pair of tennis shoes, **3.2**

el/la **tenista** tennis player

tercer(o)(a) third, **6.2**

la **terminal** terminal

terminar to end

el **término** term

la **terraza** terrace (sidewalk café)

terrible terrible

el **terror** terror, fear

la **tía** aunt, **6.1**

el **tiempo** time; weather

el segundo tiempo second half (game), **7.1**

la **tienda** store, **3.2**

la tienda de departamentos department store

la tienda de ropa clothing store, **3.2**

la tienda de videos video store

tierno(a) tender

el **tilde** accent

tímido(a) timid, shy, **1.2**

el **tío** uncle, **6.1**

los tíos aunt and uncle, **6.1**

típico(a) typical

el **tipo** type

tirar to kick, **7.1**

tirar el balón to kick (throw) the ball, **7.2**

tocar to touch; to play (music)

todavía yet, still

todo: todo el mundo everyone

todos(as) everybody, **2.2**; everything, all

por todas partes everywhere

tomar to take, **4.1**

tomar agua (leche, café) to drink water (milk, coffee)

tomar apuntes to take notes, **4.2**

tomar el bus (escolar) to take the (school) bus, **4.1**

tomar un refresco to have (drink) a beverage

tomar una merienda to have a snack, **4.2**

el **tomate** tomato

la **tonelada** ton

tonto(a) foolish

la **tortilla** tortilla, **5.1**

la **tostada** toast

tostadito(a) sunburned, tanned

tostado(a): el pan tostado toast, **5.2**

el **tostón** fried plantain slice

totalmente totally, completely

trabajar to work, **3.2**

el **trabajo** work

la **tradición** tradition

el **tráfico** traffic

el **traje** suit, **3.2**

el traje de gala evening gown, dress

tranquilo(a) peaceful; calm; quiet

transmitir to send, to transmit

tratar to treat; to try

trece thirteen, **BV**

treinta thirty, **BV**

treinta y uno thirty-one, **2.2**

tres three, **BV**

trescientos(as) three hundred, **3.2**

el **triángulo** triangle

triste sad

triunfante triumphant

el **trombón** trombone

la **trompeta** trumpet

tropical tropical

tu your (sing. fam.)

tú you (sing. fam.)

el/la **turista** tourist

U

Ud., usted you (sing. form.) **3.2**

Uds., ustedes you (pl.), **2.2**

último(a) last

un a, **1.1**

la **una** one o'clock, **2.2**

único(a) only

la **unidad** unit

el **uniforme** uniform

la **universidad** university

universitario(a) (related to) university

uno(a) one, a, **BV**

unos(as) some

urbano(a) urban

usar to wear (size), **3.2**; to use

V

la **vacación** vacation

la **vainilla: de vainilla** vanilla (adj.), **5.1**

la **vainita** string bean

¡vale! OK!

valer to be worth

vamos a let's go

la **variación** variation

variado(a) varied

variar to vary, change

la **variedad** variety

varios(as) various

vasco(a) Basque

la pelota vasca jai alai

el **vegetal** vegetable, **5.2**

el/la **vegetariano(a)** vegetarian

veinte twenty, **BV**

veinticinco twenty-five, **BV**

veinticuatro twenty-four, **BV**

veintidós twenty-two, **BV**

veintinueve twenty-nine, **BV**

veintiocho twenty-eight, **BV**

veintiséis twenty-six, **BV**

veintisiete twenty-seven, **BV**

veintitrés twenty-three, **BV**

veintiuno twenty-one, **BV**

vender to sell, **5.2**

venir to come

venezolano(a) Venezuelan

ver to see; to watch, **5.1**

el **verano** summer, **BV**

¡verdad! that's right (true)!

verde green, **3.2**

la judía verde green bean, **5.2**

el **vestido** dress

la **vez** time

a veces at times, sometimes, **7.1**

de vez en cuando now and then

una vez más one more time, again

viajar to travel

el **viaje** trip

victorioso(a) victorious

la **vida** life

la vida escolar school life

el **video** video

viejo(a) old, **6.1**

el **viernes** Friday, **BV**

la **viola** viola

el **violín** violin, **2.1**

visible visible

visitar to visit

vital vital

viviente: el ser viviente
   living creature, being

vivir to live, **5.2**

vivo(a) living, alive

la **vocal** vowel

volar (ue) to fly

el **voleibol** volleyball

volver (ue) to return, **7.1**

la **voz** voice
   en voz alta aloud

el **vuelo** flight

Y

y and, **BV**
   y cuarto a quarter past
      (the hour)
   y media half past (the
      hour)
   y pico just after (the
      hour)

ya already; now

la **yarda** yard

yo I, **1.1**

el **yogur** yogurt

Z

la **zanahoria** carrot, **5.2**

la **zapatería** shoe store

el **zapato** shoe, **3.2**

la **zona** zone, area,
      neighborhood

el **zumo de naranja** orange
      juice

Vocabulario inglés–español

0The **Vocabulario inglés-español** contains all productive vocabulary from the text. The reference numbers following each entry indicate the chapter and vocabulary section in which the word is introduced. For example, **2.2** means that the word first appeared actively in **Capítulo 2, Palabras 2. BV** refers to the preliminary **Bienvenidos** lessons. Words without a chapter reference indicate receptive vocabulary (not taught in the **Palabras** sections).

A

a un(a)
able: to be able poder (ue), **7.1**
about (time) a eso de, **4.1**
above por encima de
abstract abstracto(a)
academy la academia
to **accept** aceptar
access el acceso
according to según
acrylic el acrílico
activity la actividad
to **adapt** adaptar
to **add** sumar
to **admire** admirar
adorable adorable
to **adore** adorar
adventure la aventura
African africano(a)
after después de, **5.1**;
  (time) y
  It's ten after one. Es la una y diez.
afternoon la tarde
  Good afternoon. Buenas tardes., **BV**
  in the afternoon por la tarde
against contra, **7.1**
air el aire
  open-air (outdoor) café (market) el café (mercado) al aire libre
a lot muchos(as), **2.1**; mucho, **3.2**
album el álbum
algebra el álgebra, **2.2**
alive vivo(a)
all todos(as)
  All right. De acuerdo.
to **allow** dejar
almost casi
alone solo(a)
aloud en voz alta
also también, **1.2**

always siempre, **7.1**
a.m. de la mañana
American americano(a)
amusement la diversión
analysis el análisis
analytical analítico(a)
to **analyze** analizar
ancient antiguo(a)
and y, **BV**
Andean andino(a)
animal el animal
another otro(a)
answer la respuesta
to **answer** contestar
Antarctic la Antártida
antiquity la antigüedad
Anything else? ¿Algo más?, **5.2**
apartment el apartamento, el piso, el departamento, **6.2**
  apartment house la casa de apartamentos (apartamentos), **6.2**
apple la manzana, **5.2**
to **apply** aplicar
April abril, **BV**
Aragon: from Aragon (Spain) aragonés(a)
arc el arco
archeological arqueológico(a)
archeologist el/la arqueólogo(a)
archeology la arqueología
area el área (f.), la zona
Argentinian argentino(a), **2.1**
argument la disputa
arithmetic la aritmética, **2.2**
arm el brazo, **7.1**
around alrededor de, **6.2**;
  (time) a eso de, **4.1**
to **arrive** llegar, **4.1**
art el arte (f.), **2.2**

artifact el artefacto
artist el/la artista
artistic artístico(a)
as como
  as a young person de joven
to **ask (a question)** preguntar
asleep dormido(a)
assortment el surtido
astute astuto(a)
at a, en
  at about (time) a eso de, **4.1**
  at home en casa, **6.2**
  at night por la noche
  at that time en aquel entonces
  at the end of a fines de
  at what time? ¿a qué hora
athletic atlético(a)
to **attack** atacar
to **attend** asistir
  attention: to pay attention prestar atención, **4.2**
August agosto, **BV**
aunt la tía, **6.1**
  aunt(s) and uncle(s) los tíos, **6.1**
Australia la Australia
author el/la autor(a)
autumn el otoño, **BV**
average regular, **2.2**

B

baby el/la bebé
background la ascendencia
backpack la mochila, **3.1**
bacteria la bacteria
bad malo(a), **2.1**
back to school la apertura de clases
bag la bolsa, **5.2**
ball (basketball, soccer) el balón, **7.1**; **(tennis, baseball)** la pelota , **7.2**
  to throw (kick) the ball tirar el balón, **7.2**
ballpoint pen el bolígrafo, **3.1**
banana el plátano, **5.2**
baptism, el bautizo
bargain la ganga
base (baseball) la base, **7.2**
baseball el béisbol, **7.2**

baseball field el campo de béisbol, **7.2**

baseball game el juego de béisbol, **7.2**

baseball player el/la jugador(a) de béisbol, **7.2**; el/la beisbolista

basic básico(a)

basket (basketball) el cesto, la canasta, **7.2**

to make a basket encestar, meter el balón en el cesto, **7.2**

basketball el básquetbol, el baloncesto, **7.2**

basketball court la cancha de básquetbol, **7.2**

Basque vasco(a)

bat el bate, **7.2**

bathroom el baño, el cuarto de baño, **6.2**

batter el/la bateador(a), **7.2**

battle la batalla

bay la bahía

to **be** ser, **1.1**; estar, **4.1**

to be able poder (ue), **7.1**

to be accustomed to soler (ue)

to be afraid tener miedo

to be born nacer

to be going to ir a

to be pleasing gustar

to be tied (score) quedar empatado, **7.1**

to be worth valer, **7.2**

to be . . . years old tener... años, **6.2**; cumplir... años

bean el frijol, la habichuela, **5.2**

green bean la judía verde, **5.2**

beau el galán

beautiful hermoso(a), bello(a), **1.1**

because porque

bedroom la recámara, el dormitorio, el cuarto (de dormir), **6.2**

before antes de, **5.1**

to **begin** comenzar (ie); empezar (ie), **7.1**

beginning: beginning of school la apertura de clases

behind atrás

being: human being el ser humano

living being el ser viviente

below debajo (de); bajo

between entre, **7.1**

beverage el refresco, **5.1**

bicycle la bicicleta

big grande, **2.1**

bilingual bilingüe

bill la cuenta, **5.1**

biography la biografía

biological biológico(a)

biologist el/la biólogo(a)

biology la biología, **2.2**

birthday el cumpleaños, **6.1**

black negro(a), **3.2**

black coffee el café solo, **5.1**

to **block** bloquear, parar, **7.1**

blond rubio(a), **1.1**

blood la sangre

blouse la blusa, **3.2**

blue azul, **3.2**

blue jeans el blue jean, **3.2**

board el tablero, **7.1**

book el libro, **3.1**

to **bore** aburrir

boring aburrido(a), **2.1**

born nacido(a)

bottle la botella

boy el muchacho, **1.1**

boyfriend/girlfriend el/la novio(a)

brave valeroso(a)

bread el pan, **5.1**

breakfast el desayuno, **5.2**

bright brillante

to **bring** llevar, **6.1**

broadcast la emisión, **6.2**

sports broadcast la emisión deportiva, **6.2**

brook el arroyo

brother el hermano, **6.1**

brown de color marrón, **3.2**

brunette moreno(a), **1.1**

brush (paint) el pincel

bus el bus, **4.1**; el autobús (la guagua [P.R., Cuba], el camión [Mex.])

school bus el bus escolar, **4.1**

but pero

to **buy** comprar, **3.1**

C

cafe el café, **BV**

cafeteria la cafetería

to **calculate** calcular

calculator la calculadora, **3.1**

calculus el cálculo, **2.2**

called llamado(a)

can el bote, la lata, **5.2**

candid franco(a)

canned enlatado(a)

cap la gorra, **3.2**

capital la capital

car el carro, el coche, **4.1**

by car en carro, en coche, **4.1**

cardinal: cardinal points los puntos cardinales

careful! ¡cuidado!

carefully: very carefully con mucho cuidado

to **caress** acariciar

Caribbean el Caribe

carrot la zanahoria, **5.2**

to **carry** llevar, **3.1**

case el caso

cash register la caja, **3.1**

cassette el casete, **4.2**

cat el/la gato(a), **6.1**

to **catch** atrapar, **7.2**

catcher el/la receptor(a), el/la cátcher, **7.2**

Catholic católico(a)

to **celebrate** celebrar

celebration la celebración

cell la célula

cellular celular

center el centro

Central America la América Central

century el siglo

cereal el cereal, **5.2**

certainly! ¡claro!

chair la silla

chalet el chalet

chalkboard la pizarra, el pizarrón, **4.2**

champion el/la campeón(a)

championship el campeonato

to **change** cambiar

chapter el capítulo

charming encantador(a)

cheap barato(a), **3.2**

check la cuenta, **5.1**

cheese el queso, **5.1**
chemical químico(a)
chemistry la química, **2.2**
chicken el pollo, **5.2**
child el/la niño(a)
children los niños, **6.1**
  homeless children los niños desamparados
Chilean chileno(a)
chocolate chocolate, **5.1**
  chocolate ice cream el helado de chocolate, **5.1**
choir el coro
to **choose** escoger
chorus el coro
Christian cristiano(a)
Christmas la Navidad
  Christmas Eve la Nochebuena
church la iglesia
circle el círculo
city la ciudad
class la clase, el curso, **2.1**
to **classify** clasificar
classroom la sala de clase, el salón de clase, **4.1**
cloth el lienzo
clothing la ropa, **3.2**
  clothing store la tienda de ropa, **3.2**
club el club, **4.2**
  Spanish Club el Club de español, **4.2**
coast la costa
co-ed mixto(a)
coffee el café, **BV**
  black coffee, el café solo, **5.1**
  coffee with milk el café con leche, **5.1**
cognate la palabra afina
coin la moneda
coincidence la coincidencia
collection la colección, el conjunto
collector el colector
Colombian colombiano(a), **1.1**
color el color, **3.2**
  What color is . . . ? ¿De qué color es... ?, **3.2**
  compact disk el disco compacto, **4.2**
to **compare** comparar

to **compete** competir (i)
competition la competición
composition la composición
computer el ordenador, la computadora
  computer science la informática, **2.2**
concert el concierto
condominium el condominio
to **connect** conectar
to **consist of** consistir (en)
contest la competición
continent el continente
to **continue** continuar, **7.2**
to **copy** copiar
to **cost** costar (ue), **3.1**
  How much does . . . cost? ¿Cuánto cuesta(n)... ?, **3.1**
Costa Rican costarricense
country el país; el campo
  country home la casa de campo
course el curso, **2.1**
  elective course el curso opcional
  required course el curso obligatorio
court la cancha
  basketball court la cancha de básquetbol, **7.2**
courtesy la cortesía, **BV**
cousin el/la primo(a), **6.1**
to **create** crear
credit card la tarjeta de crédito
Creole el/la criollo(a)
Cuban cubano(a)
  Cuban American cubanoamericano(a)
to **cultivate** cultivar
cultural cultural
cup la taza
  World Cup la Copa mundial
custom la costumbre
customer el/la cliente, **5.1**

D
dad el papá
to **dance** bailar, **4.2**
  dark (haired) moreno(a), **1.1**

data los datos
date la fecha, **BV**
  What is today's date? ¿Cuál es la fecha de hoy?, **BV**
to **date** datar
daughter la hija, **6.1**
day el día, **BV**
  day before yesterday anteayer
deaf person el/la sordo(a)
December diciembre, **BV**
to **decide** decidir
to **declare** declarar
to **defeat** derrotar
delicious delicioso(a), rico, sabroso
to **deliver** entregar
descendant el/la descendiente
design el diseño
designer el/la diseñador(a)
dessert el postre, **5.1**
dialog el diálogo
difference la diferencia
different diferente
difficult duro(a), difícil, **2.1**
to **dig** excavar
dining room el comedor, **6.2**
dinner la cena, **5.2**
  to have dinner cenar
director el/la director(a)
discipline la asignatura, la disciplina, **2.1**
to **discover** descubrir
to **discuss** discutir
disk: compact disk el disco compacto, **4.2**
diskette el disquete, **3.1**
to **divide** dividir
division la división, **2.1**
dog el perro, **6.1**
domestic doméstico(a), **2.1**
Dominican dominicano(a), **2.1**
  Dominican Republic la República Dominicana
door la puerta
dot: on the dot en punto, **4.1**
doubt la duda
doughnut (a type of) el churro
dozen la docena

drawing el dibujo

dream el sueño

dress el vestido

to **dribble (basketball)** driblar, **7.2**

drink (beverage) el refresco, **5.1**; la bebida

to **drink** beber, **5.1**

during durante

E

e-mail el correo electrónico

each cada, **1.2**

early temprano

to **earn** ganar

easel el caballete

east el este

easy fácil, **2.1**

to **eat** comer, **5.1**

economics: home economics la economía doméstica, **2.2**

economy la economía

Ecuadorean ecuatoriano(a), **2.1**

education: physical education la educación física, **2.2**

egg el huevo, **5.2**

eight ocho, **BV**

eight hundred ochocientos(as), **3.2**

eighteen dieciocho, **BV**

eighth octavo(a), **6.2**

eighty ochenta, **2.1**

electronic mail (e-mail) el correo electrónico

elegant elegante

element el elemento

elevator el ascensor, **6.2**

eleven once, **BV**

else: Anything else? ¿Algo más?, **5.2**

No, nothing else. No, nada más, **5.2**

emotion la emoción

emphasis el énfasis

to **emphasize** dar énfasis, enfatizar

employee el/la empleado(a), el/la dependiente(a), **3.1**

enchilada la enchilada, **BV**

end el fin, **BV**

at the end of a fines de

English el inglés, **2.2**

to **enjoy** gozar

enough bastante, **1.1**

to **enter** entrar, **4.1**

entire entero(a)

episode el episodio

epoch la época

equation la ecuación

equipment el equipo, **7.1**

eraser la goma de borrar, **3.1**

errant andante

knight errant el caballero andante

especially especialmente, particularmente, sobre todo

essentially esencialmente

to **establish** fundar

ethnic étnico(a)

Europe la Europa

evening la noche

evening gown el traje de gala

Good evening. Buenas noches., **BV**

in the evening por la noche

everyone todos, **2.2**; todo el mundo

everything todos(a)

exam el examen, **4.2**

example: for example por ejemplo

to **excavate** excavar

excavation la excavación

excellent excelente

Excuse (me). Perdón.

expensive caro(a), **3.2**

to **explain** explicar, **4.2**

explosion la explosión

expression la expresión

means of expression el modo de expresión

extraordinary extraordinario(a)

extreme extremo(a)

eye el ojo

F

false falso(a)

fame la fama

family la familia, **6.1**

family (related to) familiar

famous famoso(a), **1.2**

fan (sports) el/la aficionado(a)

fantastic fantástico(a), **1.2**

fast rápido(a)

fat gordo(a), **1.2**

father el padre, **6.1**

favorite favorito(a)

fear el miedo, el terror

February febrero, **BV**

few pocos(as), **2.1**

a few unos(as)

field el campo

baseball field el campo de béisbol, **7.2**

soccer field el campo de fútbol, **7.1**

fifteen quince, **BV**

fifteen-year-old (girl) la quinceañera

fifth quinto(a), **6.2**

fifty cincuenta, **2.1**

to **fight** luchar

figurative figurativo(a)

film la película, **6.2**

finally por fin

to **find** hallar; encontrar (ue)

fine bien, **BV**

finger el dedo

first primero(a), **BV**

fish el pescado, **5.2**

five cinco, **BV**

five hundred quinientos(as) **3.2**

flight el vuelo

floor la planta, el piso, **6.2**

ground floor la planta baja, **6.2**

flower la flor

to **fly** volar (ue)

folder la carpeta, **3.1**

following siguiente

fond of aficionado(a)

food la comida, **5.2**

foolish tonto(a)

foot el pie, **7.1**

on foot a pie, **4.1**

for por, para

for example por ejemplo

foreign extranjero(a)

to **form** formar

forty cuarenta, **2.1**

to **found** fundar

four cuatro, **BV**

four hundred cuatrocientos(as), **3.2**

fourteen catorce, **BV**

fourth cuarto(a), **6.2**

frank franco(a)

free libre, **5.1**

French el francés, **2.2**

French fries las papas fritas, **5.1**

fresh fresco(a)

Friday el viernes, **BV**

fried frito(a), **5.1**

friend el/la amigo(a), el/la compañero(a), **1.1**

from de, **BV**

front: in front of delante de

frozen congelado(a), helado(a), **5.1**

frozen foods los productos congelados, **5.2**

fruit la fruta, **5.2**

full lleno(a)

funny cómico(a); gracioso(a), **1.1**

future el futuro

G

game el partido, **7.1**; el juego, **7.2**

baseball game el juego de béisbol, **7.2**

garage el garaje, **6.2**

garden el jardín, **6.2**

generally generalmente

generous generoso(a), **1.2**

gentleman el señor, **BV**

geography la geografía, **2.2**

geometry la geometría, **2.2**

German el alemán, **2.2**

to **get a good (bad) grade** sacar una nota buena (mala), **4.2**

to **get on (horse)** montar (caballo)

gift el regalo, **6.1**

girl la muchacha, **1.1**

to **give** dar, **4.2**; regalar (gift)

to give (throw) a party dar una fiesta, **4.2**

glove el guante, **7.2**

to **go** ir, **4.1**

to go by car ir en coche

to **go back** volver (ue)

to **go down** bajar

to **go home** volver a casa

to **go shopping** ir de compras, **5.2**

to **go up** subir, **6.2**

to **go (walk) around** andar

goal el gol, **7.1**; la portería, **7.1**

to score a goal meter un gol, **7.1**

goalie el/la portero(a), **7.1**

goalkeeper el/la portero(a), **7.1**

godfather el padrino

godmother la madrina

godparents los padrinos

gold el oro

good bueno(a); buen

Good afternoon. Buenas tardes., **BV**

Good evening. Buenas noches., **BV**

Good morning. Buenos días., **BV**

good-bye! ¡adiós!, ¡chao!, **BV**

good-looking guapo(a), bonito(a), lindo(a), **1.1**

Gosh! ¡Dios mío!

grade la nota, **4.2**

grammar la gramática

grandchildren los nietos, **6.1**

granddaughter, la nieta, **6.1**

grandfather el abuelo, **6.1**

grandmother la abuela, **6.1**

grandparents los abuelos, **6.1**

grandson el nieto, **6.1**

gray gris, **3.2**

great gran(de)

greater mayor

green verde, **3.2**

green bean la judía verde, **5.2**

greeting el saludo, **BV**

ground el suelo

group el grupo

to **guard** guardar, **7.1**

Guatemalan guatemalteco(a)

to **guess** adivinar

guitar la guitarra

gulf el golfo

gymnasium el gimnasio

H

half medio(a), **5.2**

second half el segundo tiempo, **7.1**

ham el jamón, **5.1**

hamburger la hamburguesa, **5.1**

hand la mano, **7.1**

to shake hands dar la mano

handsome guapo(a), **1.1**

to **hang** colgar (ue)

to **happen** pasar

What happened (to you)? ¿Qué te pasó?

happy contento(a)

hard duro(a), **2.1**

hardworking ambicioso(a), **1.1**

hat el sombrero, la gorra, **3.2**

to **have** tener (ie), **6.1**

to have a drink (snack) tomar un refresco (una merienda), **4.2**

to have to tener que

he él, **1.1**

head la cabeza, **7.1**

to **hear** oír

heart el corazón

Hello! ¡Hola!, **BV**

her su, **6.1**; la (pron.)

here aquí

Here is (are). . . Aquí tiene...

hero el héroe

Hi! ¡Hola!, **BV**

to **hide** esconder

high alto(a), **1.1**

high school el colegio, la escuela secundaria, la escuela superior, **1.1**

him lo

his su, **6.1**

historical histórico(a)

history la historia, **2.1**

to **hit (baseball)** batear, **7.2**

hole el agujero

home la casa, **6.2**

at home en casa

country home la casa de campo

home economics la economía doméstica, **2.2**

home plate (baseball) el platillo, **7.2**

home run el jonrón, **7.2**

homeless desamparado(a)

homeless children los niños desamparados

honest honesto(a), **1.2**

honor el honor

hour la hora

per hour por hora

house la casa, **6.2**

apartment house la casa de apartamentos (departamentos), **6.2**

private house la casa privada (particular), **6.2**

how? ¿como?, **1.1**

How absurd! ¡Qué absurdo!

How are you? ¿Qué tal?, **BV**

How many? ¿Cuántos(as)?, **2.1**

How much? ¿Cuánto?, **3.1**

How much does it cost? ¿Cuánto es?, ¿Cuánto cuesta?, **3.1**

How old is (are). . . ¿Cuántos años tiene(n)... ?, **6.1**

human humano(a)

human being el ser humano

humble humilde

husband el marido, el esposo, **6.1**

I

I yo, **1.2**

ice cream el helado, **5.1**

chocolate (vanilla) ice cream el helado de chocolate (de vainilla), **5.1**

iced tea el té helado, **5.1**

idea la idea

ideal ideal, **1.2**

if si

immediately enseguida, inmediatamente, **5.1**

immense inmenso(a)

to **imply that** dar a entender

important importante

impossible imposible

in en

in front of delante de

Inca el/la inca

to **include** incluir, **5.1**

included incluido(a), **5.1**

Is the tip included? ¿Está incluido el servicio?, **5.1**

incredible increíble

independence la independencia

Indian indio(a)

indicator el indicador, **7.1**

indigenous indígeno(a)

individual individual, **7.2**

individual sport el deporte individual, **7.2**

individual: individual sport el deporte individual, **7.2**

inexpensive barato(a), **3.2**

influence la influencia

information la información

inhabitant el/la habitante

inheritance la herencia

inning la entrada, **7.2**

instruction la instrucción

instrument el instrumento

integral íntegro(a)

intelligent inteligente, **2.1**

interest el interés

to **interest** interesar

interesting interesante, **2.1**

intermediate intermedio(a)

international internacional

interpretation la interpretación

invitation la invitación

to **invite** invitar (a), **6.1**

island la isla

it la (f.); lo (m.)

Italian italiano(a)

J

jacket la chaqueta, el saco, **3.2**

jai alai la pelota vasca

January enero, **BV**

jingle el retintín

July julio, **BV**

to **jump** saltar

to jump up sobresaltar

June junio, **BV**

K

keyboard el teclado

to **kick** tirar (con el pie), **7.1**

to kick the ball tirar el balón, **7.2**

kilogram el kilo, **5.2**

king el rey

kitchen la cocina, **6.2**

knapsack la mochila, **3.1**

knee la rodilla, **7.1**

knight el caballero

knight errant el caballero andante

knight's attendant el escudero

to **know** saber

L

laboratory el laboratorio, **2.1**

lady la dama

lady-in-waiting la dama

lake el lago

lance la lanza

landscape el paisaje

language la lengua, **2.2**

large grande

last último(a)

later luego, **BV**

See you later! ¡Hasta luego!, **BV**

Latin el latín, **2.2**

Latin latino(a)

Latin America Latinoamérica

Latin American latinoamericano(a)

lazy perezoso(a), **1.1**

league la liga

Major Leagues las Grandes Ligas

to **learn** aprender, **5.1**

to **leave** salir

lecture la conferencia

left izquierdo(a), **7.1**

leg la pierna, **7.1**

lemonade la limonada, **BV**

to **lend** prestar, **4.2**

lesson la lección, **4.2**

to **let** dejar

let's see a ver

lettuce la lechuga, **5.2**

liberator el/la libertador(a)

life la vida

school life la vida escolar

to **lift** levantar
light la luz
to **light** encender (ie)
like el gusto
to **like** gustar
Lima: from Lima (Peru) limeño(a)
linen el lienzo
to **listen (to)** escuchar, **4.2**
    listen! ¡oye!, **1.1**
literal literal
literary literario(a)
literature la literatura, **2.1**
little: a little poco(a)
to **live** vivir, **5.2**
live vivo(a)
living viviente
    living creature el ser viviente
    living room la sala, **6.2**
long largo(a), **3.2**
Look! ¡Mira!
to **look at** mirar, **3.1**
to **look for** buscar, **3.1**
to **lose** perder (ie), **7.1**
lotto el loto
lover el/la enamorado(a)
low bajo(a), **4.2**
to **lower** bajar
lunch el almuerzo, **5.2**
luxurious lujoso(a)

M
ma'am la señora, **BV**
made hecho(a)
Madrid (native of) madrileño(a)
magazine la revista, **6.2**
magnificent magnífico(a)
mail el correo
    e-mail (electronic mail) el correo electrónico
main principal
mainly principalmente
Major Leagues las Grandes Ligas
majority la mayor parte, la mayoría
to **make a basket (basketball)** encestar, **7.2**
man el hombre, el señor
manner la manera, el modo
many muchos(as), **2.1**
map el mapa
March marzo, **BV**

marker el marcador, **3.1**
market el mercado, **5.2**
marmalade la mermelada, **5.2**
marriage el matrimonio
married: to be married estar casado(a)
marvelous maravilloso(a)
mass la masa
master el/la maestro(a)
material el material, **3.1**
mathematics las matemáticas, **2.2**
matter: What's the matter (with you)? ¿Qué te pasa?
May mayo, **BV**
Maya el/la maya
me mí, **5.1**; me
meal la comida, **5.2**
meaning el significado, el sentido
means el medio, el modo
    by no means de ninguna manera, **1.1**
means of expression el modo de expresión
meat la carne, **5.2**
medal la medalla
medium el medio
melancholic melancólico(a)
member el miembro, **4.2**
menu el menú, **5.1**
mestizo el/la mestizo(a)
Mexican mexicano(a), **1.1**
Mexican American mexicanoamericano(a)
microbe el microbio
microscope el microscopio
microscopic microscópico(a)
middle: middle school la escuela intermedia
midnight la medianoche
mile la milla
milk la leche
million el millón
minute el minuto
mirror el espejo
Miss señorita, **BV**
mixed mixto(a)
mixture la mezcla
model el modelo
modem el módem

modern moderno(a)
mom la mamá
moment el momento
Monday el lunes, **BV**
money el dinero
monitor el monitor
month el mes, **BV**
monument el monumento
moon la luna
more más
moreover además
morning la mañana
    Good morning. Buenos días., **BV**
    in the morning por la mañana
    this morning esta mañana
mother la madre, **6.1**
motive el motivo
mountain la montaña
    mountain range la sierra
mouse el ratón
movie la película, **6.2**
Mr. el señor, **BV**
Mrs. la señora, **BV**
Ms. la señorita, la señora, **BV**
much mucho, **3.2**
mulatto el/la mulato(a)
multiplication la multiplicación
to **multiply** multiplicar
music la música, **2.2**
my mi, **6.1**

N
name el nombre
national nacional
nationality la nacionalidad, **1.2**
    what nationality? ¿de qué nacionalidad?
native indígena
natural: natural resources los recursos naturales
    natural sciences las ciencias naturales
near cerca de, **6.2**
necessary necesario(a)
neck el cuello
necktie la corbata, **3.2**
to **need** necesitar, **3.1**
neighbor el/la vecino(a)

nephew el sobrino, **6.1**
net la red
  to surf the Net navegar por la red
nettle la ortiga
never jamás, never
new nuevo(a)
news las noticias, **6.2**
newspaper el periódico, **6.2**
nice simpático(a), **1.2**
  Nice to meet you. Mucho gusto.
niece la sobrina, **6.1**
night la noche
  at night por la noche
  Good night. Buenas noches., **BV**
nine nueve, **BV**
  nine hundred novecientos(as), **3.2**
nineteen diecinueve, **BV**
ninety noventa, **2.1**
ninth noveno(a), **6.2**
no no, **BV**
  by no means de ninguna manera, **1.1**
  no one nadie
noble noble
nobody nadie
none ninguno(a), **1.1**
noon el mediodía
north el norte
  North America la América del Norte
  North American norteamericano(a)
northwest noroeste
not at all de ninguna manera
notable notable
note: to take notes tomar apuntes, **4.2**
to **note** apuntar
notebook el cuaderno, el bloc, **3.1**
nothing nada, **5.2**
  Nothing else. Nada más., **5.2**
novel la novela
novelist el/la novelista
November noviembre, **BV**
now ahora, **4.2**
  now and then de vez en cuando
nowadays hoy día
number el número, **1.2**

O

object el objeto
obligatory obligatorio(a), **2.1**
observation la observación
to **observe** observar
observer el/la observador(a)
occupied (taken) ocupado(a), **5.1**
ocean el océano
o'clock: It's (two) o'clock. Son las (dos).
October octubre, **BV**
of de, **BV**
  of course! ¡claro!
official oficial
OK! ¡vale!
old anciano(a), antiguo(a), viejo(a), **6.1**
olive: olive oil el aceite de oliva
on en
  on the contrary al contrario
  on the dot en punto, **4.1**
one uno, **BV**
  one hundred cien(to), **2.1**
  one thousand mil, **3.2**
only sólo, solamente
to **open** abrir
opening: opening of school la apertura de clases
opera la ópera
opinion: What's your opinion? ¿Qué opinas?
operator el/la operador(a)
optional opcional
orally oralmente
orange (color) anaranjado(a), **3.2**
orange (fruit) la naranja, **5.2**
order la orden, **5.1**
organ el órgano
organism el organismo
origin el origen
orphanage el orfanato
Otavalo (of or from) otavaleño(a)
other otro(a), **2.2**
our nuestro(a)
outdoor al aire libre

outfielder el/la jardinero(a), **7.2**
outskirts los alrededores
over por encima de
to **owe** deber

P

package el paquete, **5.2**
page la página
  Web page la página Web
to **paint** pintar
painter el/la pintor(a)
painting el cuadro, la pintura, **2.1**
pair el par, **3.2**
  pair of tennis shoes el par de tenis, **3.2**
Panamanian panameño(a), **2.1**
pants el pantalón, **3.2**
paper el papel, **3.1**
  sheet of paper la hoja de papel, **3.1**
parents los padres, **6.1**
park el parque
part la parte
party la fiesta, **4.2**
  to give (throw) a party dar una fiesta, **4.2**
to **pass** pasar, **7.2**
to **pay** pagar, **3.1**
  to pay attention prestar atención, **4.2;**
pea el guisante, **5.2**
peaceful tranquilo(a)
pen la pluma; **(ballpoint)** el bolígrafo, **3.1**
pencil el lápiz, **3.1**
peninsula la península
penny el centavo
people la gente
percent por ciento
to **permit** permitir
person la persona, **1.2**
Peruvian peruano(a)
peso el peso, **BV**
photo la foto
photograph la fotografía
phrase la frase
physical education la educación física, **2.2**
physics la física, **2.2**
piano el piano
to **pick up** recoger
pink rosado(a), **3.2**

piping (embroidery) el cordoncillo
pitcher el/la lanzador(a), el/la pícher, **7.2**
pizza la pizza, **BV**
place el lugar, el sitio
to **place** colocar, meter, **7.1**
plate: home plate el platillo, **7.2**
plateau la mesa
to **play** jugar (ue), **7.1**
player el/la jugador(a), **7.1**
  baseball player el/la jugador(a) de béisbol, **7.2**
playwright el/la dramaturgo(a)
plaza la plaza
pleasant agradable
please por favor, **BV**
p.m. de la tarde, de la noche
pocket el bolsillo
poem el poema
poet el poeta
poetry la poesía
point (score) el tanto, el punto, **7.1**
  cardinal points los puntos cardinales
  to score a point marcar un tanto, **7.1**
political político(a)
poncho el poncho
poor pobre
popular popular, **2.1**
popularity la popularidad
portrait el retrato
possibility posibilidad
possible posible
potato la papa, **5.1**
to **practice** practicar
pre-Columbian precolombino(a)
to **prefer** preferir (ie)
to **prepare** preparar, **4.2**
to **present** presentar
pretty hermoso(a), lindo(a), bonito(a), bello(a), **1.1**
price el precio
primary primario(a)
princess la princesa
principal principal
printer la impresora

private particular, privado(a), **6.2**
  private house la casa particular (privada), **6.2**
prize el premio
  Nobel Prize el Premio Nóbel
problem el problema
to **process** procesar
to **proclaim** proclamar
produced producido(a)
product el producto, **2.1**
professor el/la profesor(a), **2.1**
program (TV) la emisión, **6.2**
  sports program la emisión deportiva, **6.2**
protoplasm el protoplasma
public público(a)
to **publish** publicar
Puerto Rican puertorriqueño(a)
to **pull out** arrancar
puppy el perrito
purchase la compra, **3.1**
pure puro(a)
to **put** poner

Q

quarter: a quarter to menos cuarto
  a quarter past y cuarto
queen la reina
question la pregunta
  to ask a question preguntar
quetzal el quetzal
quickly rápido
quite bastante, **1.1**

R

rather bastante, **1.1**
to **read** leer, **5.1**
reading la lectura
ready listo(a)
realistic realista
really realmente
rear (in the) atrás
to **rebound** rebotar
to **receive** recibir, **5.1**
  to receive a good (bad) grade recibir una nota buena (mala), **4.2**

recently recientemente; recién
rectangle el rectángulo
red rojo(a), **3.2**
to **reflect** reflexionar, reflejar
reflection el reflejo
refreshment el refresco, **5.1**
region la región
regular regular, **2.2**
relative el/la pariente, **6.1**
religious religioso(a)
to **remain** quedar, **7.1**
to **remember** acordarse (ue) de, **3.2**
report el reportaje
to **represent** representar
republic la república
  Dominican Republic la República Dominicana
required: required course el curso obligatorio, **2.1**
resident el/la residente
resource el recurso
  natural resources los recursos naturales
rest lo demás
to **return** volver (ue), **7.1**; (something) devolver (ue), **7.2**
rice el arroz, **5.2**
rich rico(a)
right derecho(a), **7.1**
  right away enseguida, **5.1**
river el río
to **roll** rodar
roll (bread) el pan dulce, **5.1**
romantic romántico(a)
room la sala, el salón, el cuarto, la pieza, **4.1**
  bathroom el cuarto de baño, **6.2**
  classroom la sala (el salón) de clase, **4.1**
  dining room el comedor, **6.2**
  living room la sala, **6.2**
rose la rosa
routine la rutina
royal real
rubber la goma, **3.1**
ruin la ruina
to **run** correr, **7.2**
rural rural

S

to **sacrifice** sacrificar
sad triste
saint el santo
salad la ensalada, **5.1**
salesperson el/la dependiente(a), el/la empleado(a), **3.1**
same mismo(a), **2.1**
sandal el huarache, el alparagata
sandwich el bocadillo, **5.1**, el sándwich, **BV**
sash la faja
Saturday el sábado, **BV**
to **save** salvar
to **say** decir
scene la escena
school schedule el horario escolar
school la escuela, el colegio, **1.1**
  elementary school la escuela primaria
  high school el colegio, la escuela secundaria, la escuela superior
  middle school la escuela intermedia
school (pertaining to) escolar
school bus el bus escolar, **4.1**
school life la vida escolar, **4.1**
school schedule el horario escolar
school supplies los materiales escolares, **3.1**
science la ciencia, **2.2**
  natural sciences las ciencias naturales
  social sciences las ciencias sociales
scientific científico(a)
scientist el/la científico(a)
score el tanto, **7.1**
to **score: to score a goal** meter un gol, **7.1**
  to score a point marcar un tanto, **7.1**
scoreboard el tablero indicador, **7.1**
screen la pantalla
sculptor el/la escultor(a

sculpture la escultura
sea el mar
  Caribbean Sea el mar Caribe
search: in search of en busca de
season la estación, **BV**
second segundo(a), **6.2**
  second half el segundo tiempo, **7.1**
secondary secundario(a), **1.1**
secret secreto(a), **2.2**
to **see** ver, **5.1**
  See you later! ¡Hasta luego!, **BV**
  See you soon! ¡Hasta mañana!, **BV**
  See you tomorrow! ¡Hasta mañana!, **BV**
to **select** seleccionar
selection la selección
to **sell** vender, **5.2**
to **send** transmitir, enviar
sentence la frase
September septiembre, **BV**
series la serie
  World Series la Serie mundial
serious serio(a), **1.1**
service (tip) el servicio, **5.1**
set el conjunto
seven siete, **BV**
  seven hundred setecientos(as), **3.2**
seventeen diecisiete, **BV**
seventh séptimo(a), **6.2**
seventy setenta, **2.1**
several varios(as)
to **sew** coser
sewing la costura
to **shake hands** dar la mano
sharp en punto, **4.1**
shawl el poncho
she ella, **1.1**
sheet: sheet of paper la hoja de papel, **3.1**
shellfish el marisco, **5.2**
shirt la camisa, **3.2**
shoe el zapato, **3.2**
  shoe size el número, **3.2**
  shoe store la zapatería
to **shop** ir de compras, **5.2**
short (person) bajo(a), **1.1**; **(length)** corto(a), **3.2**

short story la historieta
short story writer el/la cuentista
shorts el pantalón corto, **3.2**
shy tímido(a), **1.2**
side el lado
sierra la sierra
to **sigh** suspirar
similar parecido(a), similar
simple sencillo(a); simple
since como; desde, **1.2**
sincere sincero(a), **1.2**
to **sing** cantar, **4.2**
single soltero(a)
single-celled monocelular
sir el señor, **BV**
sister la hermana, **6.1**
six seis, **BV**
  six hundred seiscientos(as), **3.2**
sixteen dieciséis, **BV**
sixth sexto(a), **6.2**
sixty sesenta, **2.1**
size (clothes) el tamaño, la talla; **(shoes)** el número, **3.2**
  What size do you take? ¿Qué talla (número) usa Ud.?, ¿Qué número usa (calza) Ud.?, **3.2**
skirt la falda, **3.2**
to **sleep** dormir (ue)
small pequeño(a), **2.1**
snack la merienda, **4.2**
  to have (eat) a snack tomar una merienda, **4.2**
sneakers los tenis, **3.2**
so tan
  so much tanto(a)
soccer el fútbol, **2.1**
  soccer field el campo de fútbol, **7.1**
social sciences las ciencias sociales
society la sociedad
sociology la sociología
socks los calcetines, **3.2**
solution la solución
to **solve** resolver (ue)
some algunos(as), **4.1**
something algo, **5.2**
sometimes a veces, **7.1**
son el hijo, **6.1**

soon pronto, **BV;** dentro de poco

See you soon! ¡Hasta pronto!, **BV**

soup la sopa, **5.1**

south el sur

South America la América del Sur

South American sudamericano(a)

southwest el sudoeste

Spanish español(a)

Spanish American hispanoamericano(a)

Spanish speaker el/la hispanohablante

Spanish (language) el español, **2.2**

Spanish-speaking hispanohablante

to **speak** hablar, **3.1**

special especial

specialty la especialidad

spectator el/la espectador(a), **7.1**

to **spend** pasar

sport el deporte, **7.2**

individual sport el deporte individual

team sport el deporte de equipo

sports (related to) deportivo(a), **6.2**

sports program (TV) la emisión deportiva, **6.2**

spouse el/la esposo(a), **6.1**

spring la primavera, **BV**

square la plaza

squire el escudero

stadium el estadio, **7.1**

stairway la escalera, **6.2**

standing de pie

star la estrella

state el estado

stationery: stationery store la papelería, **3.1**

statue la estatua, **2.1**

steak el biftec, **5.2**

to **stop** parar, bloquear, **7.1**

store la tienda, **3.2**

clothing store la tienda de ropa, **3.2**

department store la tienda de departamentos

stationery store la papelería, **3.1**

to **store** almacenar

story: little story la historieta

strategy la estrategia

stream el arroyo

street la calle, **6.2**

strong fuerte

structure la estructura

student el/la alumno(a), **1.1;** el/la estudiante

student I.D. card la tarjeta de identidad estudiantil

study el estudio

to **study** estudiar, **4.1**

stupendous estupendo(a)

style el estilo

subject la asignatura, la disciplina, **2.2**

to **subtract** restar

suburb el suburbio, la colonia

such tal

suit el traje, **3.2**

summer el verano, **BV**

Sunday el domingo, **BV**

superior superior

supermarket el supermercado, **5.2**

supplies: school supplies los materiales escolares, **3.1**

to **surf the Net** navegar por la red

sweet dulce

sweet roll el pan dulce, **5.1**

T

T-shirt el T-shirt, la camiseta, **3.2**

table la mesa, **5.1**

tablecloth el mantel

taco el taco, **BV**

to **take** tomar, **4.1**

to take notes tomar apuntes, **4.2**

to take photos tomar fotos

to take (clothing size) usar, **3.2**

to take (shoe size) calzar, **3.2**

to take time tardar

taken ocupado(a), **5.1**

to **talk** hablar, conversar, **3.1**

tall alto(a), **1.1**

tamale el tamal, **BV**

tea el té, **5.1**

iced tea el té helado, **5.1**

to **teach** enseñar, **4.1**

teacher el/la maestro(a), el/la profesor(a), **2.1**

team el equipo, **7.1**

team sport el deporte de equipo, **7.2**

technology la tecnología

telephone el teléfono

to speak on the telephone hablar por teléfono

telephone (related to) telefónico(a)

television la televisión, **6.2**

to **tell** decir

ten diez, **BV**

to **tend to** soler (ue)

tender tierno(a)

tennis el tenis, **2.1**

tennis shoes los tenis, **3.2**

pair of tennis shoes el par de tenis, **3.2**

tenth décimo(a), **6.2**

term el término

terminal la terminal

terrace la terraza

terrible terrible

terror el terror

test el examen, **4.2**

to give a test dar un examen, **4.2**

thank you gracias, **BV**

that aquel; eso, **4.1**

at that time en aquel entonces

that's right (true)! ¡verdad!

the el, la, **1.1**

their sus, **6.1**

them las *(f. pl.);* los *(m. pl.)*

theme el tema

then luego, **BV;** entonces, **2.1**

there allí

there is/are hay, **BV**

they ellos(as), **2.1**

thin flaco(a), **1.2;** delgado(a)

thing la cosa

to **think** pensar (ie), opinar

third tercer(o), **6.2**
thirteen trece, **BV**
thirty treinta, **BV**
thirty-one treinta y uno, **2.1**
this este (esta)
thistle el cardo
thought el pensamiento
thousand mil, **3.2**
three tres, **BV**
    three hundred trescientos(as), **3.2**
to **throw** lanzar, **7.1**; tirar, **7.2**
Thursday el jueves, **BV**
ticket el boleto, la entrada, **7.2**
tie la corbata, **3.2**
tied (score) empatado(a), **7.1**
    The score is tied. El tanto queda empatado., **7.1**
time el tiempo; la vez; la hora
    at times a veces
    at what time? ¿a qué hora?
timid tímido(a), **1.2**
tiny diminuto(a)
tip el servicio, **5.1**
toast el pan tostado, **5.2**
toasted tostado(a), **5.2**
today hoy, **BV**
together junto(a), **5.1**
tomato el tomate, **5.2**
tomorrow el mañana, **BV**
    See you tomorrow! ¡Hasta mañana!, **BV**
too también, **1.2**
too much demasiado
tortilla la tortilla, **5.1**
to **touch** tocar
touch el contacto
tourist el/la turista
toward hacia
town el pueblo
toy el juguete
traffic el tráfico
to **transmit** transmitir
triangle el triángulo
to **travel** viajar
tree el árbol
trip el viaje
triumphant triunfante
trousers el pantalón, **3.2**

true verdadero(a)
truth la verdad
Tuesday el martes, **BV**
tuna el atún, **5.2**
twelve doce, **BV**
twenty veinte, **BV**
twenty-one veintiuno, **BV**
two dos, **BV**
    two hundred doscientos(as), **3.2**
type el tipo
typical típico(a)

U

ugly feo(a), **1.1**
uncle el tío, **6.1**
    aunt(s) and uncle(s) los tíos, **6.1**
under bajo, debajo (de)
undershirt la camiseta, **3.2**
to **understand** comprender, **5.1**
unit la unidad
uniform el uniforme
United States los Estados Unidos
university la universidad
university (related to) universitario(a)
until hasta, **BV**
urban urbano(a)
us nos
to **use** usar, **3.2**
usually generalmente

V

vacation la vacación
vanilla *(adj.)* de vainilla, **5.1**
    vanilla ice cream el helado de vainilla, **5.1**
various varios(as)
to **vary** variar
vegetable el vegetal, **5.2**
vegetarian el/la vegetariano(a)
Venezuelan venezolano(a)
very muy, **BV**
    very well muy bien, **BV**
vest el chaleco
victorious victorioso(a)
video el video, **4.2**
view la vista, **BV**
violin el violín
visible visible

vital vital
voice la voz
volleyball el voleibol
vowel la vocal

W

waiter el camarero, el mesero, **5.1**
waitress la camarera, la mesera, **5.1**
to **walk** andar (around, through)
wall la pared; **(of a jai alai court)** el frontón
to **want** desear, **3.2**; querer (ie)
to **watch** mirar, ver, **3.1**
watercolor la acuarela
way la manera, el modo, **1.1**
we nosotros(as), **2.1**
to **wear** llevar, usar; **(shoe size)** calzar, **3.2**
weather el tiempo
Wednesday el miércoles, **BV**
week la semana, **BV**
weekend el fin de semana, **BV**
to **weigh** pesar
well bien; pues, **BV**
    very well muy bien, **BV**
west el oeste
what? ¿qué?, ¿cuál?, ¿cuáles?, ¿cómo?, **1.1**
    What is he (she, it) like? ¿Cómo es?, **1.1**
    What is it? ¿Qué es?, **1.1**
    What is today's date? ¿Cuál es la fecha de hoy?, **BV**
    What time is it? ¿Qué hora es?
when cuando
when? ¿cuándo?
where donde, adonde, **1.2**
    where? ¿dónde?, ¿adónde?
    ¿Where is he (she, it) from? ¿De dónde es?, **1.1**
which? ¿cuál?, ¿cuáles?, **BV**
while el rato
while mientras
white blanco(a), **3.2**
who? ¿quién?, **1.1**; quiénes, **2.1**

Who is it (he, she)?
¿Quién es?, **1.1**
whole entero(a)
why? ¿por qué?
wife la esposa, la mujer, **6.1**
to **win** ganar, **7.1**
winter el invierno, **BV**
wise sabio(a)
to **wish** querer (ie), desear, **3.2**
with con
within dentro de
wool la lana
word la palabra
work el trabajo; la obra
work of art la obra de arte
to **work** trabajar, **3.2**
world el mundo
world (related to) mundial
World Cup la Copa
mundial
World Series la Serie
mundial
worldwide mundial
to **wrap** envolver (ue)
wrap el poncho
to **write** escribir, **5.1**
writing pad el bloc, **3.1**

Y
year el año, **BV**
to be . . . years old tener
. . . años, cumplir...
años, **6.1**
yellow amarillo(a), **3.2**
yogurt el yogur, **5.2**
you tú *(sing. fam.),* Ud. *(sing.
form.);* Uds. *(pl.);* te *(fam.
pron.),* le *(pron.)*
You're welcome. De
nada., No hay de qué.,
BV
young joven, **6.1**
as a young person de
joven
your tu(s), su(s)

Z
zero cero, **BV**
zone la zona

Índice gramatical